AF209935

Kära läsare,

Ibland är det lätt att låta sig dras med i stressen av att bli klar snabbt. Att vilja leverera så fort som möjligt kan ibland överskugga det som verkligen betyder något – kvaliteten och den djupa omtanken bakom det vi skapar. Så var det för mig när jag skrev den förra upplagan av denna bok. Jag var så fokuserad på att bli klar och få ut materialet så snabbt som möjligt, så fokuserad att jag förlorade det som egentligen var viktigast: att skapa något som jag verkligen kunde stå för.

Resan med den förra upplagan var långt ifrån lätt. Jag insåg snart att den inte levde upp till mina egna förväntningar och det var ingen rolig insikt att komma till. Men livets läxor är inte alltid roliga och troligen växer vi mer med de mindre behagliga läxorna. Att kunna ta ett steg tillbaka, reflektera och bestämma sig för att göra om, göra rätt – det är en styrka.

Jag har egentligen aldrig sett mig själv som en "riktig" författare, men det har alltid varit viktigt för mig att kunna stå för det jag publicerar med stolthet. Nu, efter en djupare och mer genomtänkt process än någonsin tidigare, är jag stolt över att presentera den sista versionen av DISC – en version som verkligen speglar min vision. Det här är inte bara en uppdatering; det är resultatet av utveckling, tålamod och en genuin ambition att ge det bästa jag har att erbjuda.

När jag skrev den förra upplagan var det som om mitt C-beteende – precisionens mästare – och mitt D-beteende – actionhjälten med gasen i botten – hamnade i en direkt showdown. C-beteendet ville som vanligt dubbelkolla varenda liten detalj, fila på formuleringarna och analysera varje punkt som om det vore Nobelpris-material. Men mitt D-beteende? Det bara skrek: "Ut med det! NU! Snabbt och enkelt, så vi kan gå vidare!"

Så, jag lät mitt D vinna. Jag struntade i de där sista genomgångarna och tryckte ut texten snabbare än jag hann säga "deadline". Och vad blev resultatet? En produkt som jag nu i efterhand knappt ville titta på. Det kändes som att jag precis hade serverat en halvgräddad pizza – visst, den var klar, men den smakade inte som jag hade tänkt mig. Eller nu överdriver jag … riktigt så katastrofal var den kanske inte. Men så kändes det i mitt C-beteende i alla fall.

Nåväl, det är inte första gången jag lär mig något den hårda vägen. Åter igen har jag blivit uppmärksammad på att när jag skyndar för mycket och låter mitt D-beteende ta över, blir det på bekostnad av det jag faktiskt också värderar: kvaliteten. Och om man inte kan vara nöjd med det man producerat, vad var egentligen poängen? Så nu, när mitt C-beteende fått lite mer spelrum har jag äntligen, efter fyra tidigare upplagor, bestämt mig för att detta blir den sista upplagan av DISC – en stilstudie av beteenden kommunikation och påverkanspsykologi.

Och just det, för er som nu sitter och undrar vad i hela världen ett C- och D-beteende är, ta det lugnt – jag lovar, du kommer att bli insatt i det här ju längre du läser i boken. DISC handlar om olika beteendestilar, och om du inte har hört om denna modell tidigare är det inget att stressa upp sig för. Vi kommer att nysta upp det här steg för steg, så snart kommer du förstå exakt vad jag menar när jag pratar om dessa inre konflikter, till exempel mellan noggrannhet och snabbhet.

Med varma hälsningar,

Lars Sjödin

DISC

EN STILSTUDIE AV BETEENDEN KOMMUNIKATION OCH PÅVERKANSPSYKOLOGI

FINAL EDITION

Förlag: BoD · Books on Demand,Östermalmstorg 1,
114 42 Stockholm, Sverige, bod@bod.se
Tryck: Libri Plureos GmbH,
Friedensallee 273, 22763 Hamburg, Tyskland

ISBN: **978-91-7785-416-6**

Innehållsförteckning

Inledning

När jag skrev den första upplagan av DISC hade jag använt modellen i sex år. Nu, i skrivande stund, har jag studerat, använt, arbetat med och föreläst om DISC i över 20 år. Och jag kan bara konstatera att jag blir mer och mer fascinerad över hur enkelt det kan vara att använda denna effektfulla modell.

Jag har ofta fått frågan om vilka böcker jag kan rekommendera om man vill läsa mer om DISC. Innan jag gav ut första upplagan och fick den frågan kunde jag bara rekommendera litteratur på engelska, av den enkla anledningen att det inte fanns något skrivet på svenska. Detta faktum gjorde att jag runt 2007 satte mig ned för att skriva den första upplagan av denna bok och 2008 var den ute på marknaden. Sedan dess har den hjälpt andra att sätta sig in i och läsa mer om DISC-teorin. Idag finns det fler böcker skrivna på svenska och jag rekommenderar de läsare som vill läsa mer om DISC att söka efter fler liknande böcker.

Nu är det emellertid dags att ge ut den sista upplagan. Ja det är verkligen den sista upplagan. Det blir inga fler. Denna upplaga har inte särskilt många olikheter innehållsmässigt från föregångare, men kan på sina håll vara omskriven. Och för er som läst min ingress, innan denna inledning, vet att jag helst hade haft den fjärde upplagan ogjord och att denna har ett betydligt mer genomarbetat innehåll framförallt i det extra kapitel som var tillagt redan i den fjärde upplagan. Detta kapitel riktar sig dock fortfarande framförallt till dig som redan gjort en validerad DISC-analys och vill förstå den djupare tolkningen av relationen mellan de fyra grund-preferenserna. Det finns också en Q&A sektion i slutet på boken. Annars är den största skillnaden egentligen bara att jag valt att ta bort färgen i boken och den stora anledningen till det är att göra boken billigare att köpa. Jag har också uppdaterat layouten för att göra boken lättare att digitalisera.

Jag vet att en del gärna avfärdar teorier och modeller som försöker kart-lägga en människas beteendemönster med hjälp av en specifik modell. Målet med denna bok är definitivt inte att omvända deras värderingar. Målet är snarare att få människor att fundera över hur DISC kan använd-as för att skapa bättre relationer med andra, underlätta kommunikat-ionen i interaktionen och kanske framförallt skapa en förståelse för hur olika människor agerar i olika situationer.

Om du läser boken med något mindre skepticism, om du kanske gjort en DISC-analys och vill veta mer om teorin, vill jag på ett lättsamt sätt presentera denna till synes enkla men mycket effektfulla modell för kommunikation. Det finns idag ett antal DISC-instrument på marknaden, alla med sina för- och nackdelar. En del väljer till och med att kalla sina instrument något annat än DISC, trots att det bygger på upphovsmannen William Moulton Marstons teorier om våra beteende- och kommunikationsmönster. Jag lägger dock ingen värdering i vilket instrument som är bäst, utan vill snarare visa på en mångfald av idéer om samma grundidé.

Förståelsen för hur ett DISC-instrument ska användas är oftast den kritiska faktorn huruvida man tycker att instrumentet är bra eller inte. Min bestämda uppfattning är att DISC är till för att lära sig mer om sina egna och andras beteende- och kommunikationspreferenser i olika situationer, inte kartlägga människors personlighet.

Dessa lärdomar börjar i förståelsen för vad DISC är. Hela **kapitel 1** ägnas åt bakgrunden och teorin som bygger upp modellen.

Kapitel 2 handlar om dig och hur du kan analysera och förstå ditt eget grundläggande beteende- och kommunikationsmönster bättre.

Kapitel 3 tar upp vilka svagheter andra kan se hos dig när du använder ett visst beteende. Kapitlet belyser också vilken utvecklingspotential du har när du använder en viss typ av beteendemönster.

I **kapitel 4** handlar det om andra. Innehållet ger dig kunskaper om hur du kan läsa av, känna igen och förstå andras beteendemönster.

I **kapitel 5** får du ta del av olika kommunikativa hinder som kan uppstå när olika beteenden interagerar. Du får också ta del av en självupplevd situation att begrunda och analysera utifrån ett "DISC-perspektiv".

I **kapitel 6** har jag för avsikt att ge dig nycklar för att använda positiv påverkanspsykologi för att göra bra relationer bättre och mindre bra relationer bra.

Kapitel 7 koncentreras till att ge dig förenklade beskrivningar av hur några vanliga beteendemönsterkombinationer kan ta sig i uttryck.

2

I **kapitel 8** redogörs för några olika typer av gruppkaraktärer kopplat till DISC.

Avslutningsvis i det nya **kapitel 9** ger jag dig en djupare insikt om de olika underliggande beteendetendenser som ett DISC-verktyg också mäter. Kapitlet kan vara av extra stort intresse om du redan gjort en DISC-analys och fått din rapport.

Kapitel 10 är egentligen bara mitt sätt att sätta punkt och säga hejdå till ett arbete som pågått till och från under 18 år. Där finner du också **Q&A-delen** samt **Kopieringsmaterialet** och **Tips på mer intressant läsning**.

Med det sagt, låt oss härmed börja vår resa ...

1. Historik och teorin bakom

Jag vill börja med att ge dig en överblick och en djupare förståelse av DISC-modellen och dess ursprung. Antagligen finns det vissa läsare som väljer att hoppa över detta kapitel med argument likt följande: *"Teori och historik? Nä det är bara en massa text, jag går rätt på det användbara i denna bok!"* Andra läsare tänker: *Historik, bra att man får en bakgrund till modellen – det är viktigt att veta bakgrunden för att förstå modellen.* Sen finns det andra som tänker: *"Jag vill inte missa någon viktig information. Ska jag läsa boken så gör jag det från pärm till pärm – undrar förresten om det finns fler böcker skrivna om DISC."* Slutligen finns det ett antal läsare som inte ens läst detta, utan snabbt bläddrat i boken för att fastna för något som verkat tilltalande med argument likt: *"Man behöver väl inte börja från början i en bok, man börjar väl där det verkar mest spännande och roligt – allt faller säkert på plats ändå i slutändan."*

Jag gissar att du känner igen dig själv i någon av ovanstående beskrivningar. Men det finns inte ett rätt sätt att läsa en bok, det finns olika sätt. Det intressanta är om du tycker att du alltid eller ofta gör på samma sätt. Beteenden som vi alltid eller ofta upprepar blir till våra beteendemönster.

När vi använder våra primära beteendemönster är vi väldigt trygga i det vi gör och på det sätt vi gör det vi gör. När vi blir ombedda att göra något som ligger långt vårt naturliga sätt att göra saker, känns det ofta lite främmande och osäkert (eller "tråkigt" som vi vanligtvis brukar förklara saker vi inte vill göra). Alla gånger vi sagt *"nä ... så där kan jag inte göra det, det är ju inte jag"* eller *"det är inte riktigt min grej"*, är bara ett bevis på att vi ombetts göra något vi upplever som obekvämt. Det kan bero på att det ligger långt ifrån våra styrande värderingar eller långt ifrån vårt naturliga sätt att agera.

Det är givetvis bra att vara tydlig och känna sig säker på det man gör, men kom ihåg att ju mer vi använder det beteende vi känner oss trygga i, desto mindre flexibla blir vi att möta andra som inte har samma primära beteendemönster.

Vi är alla lika olika

Det finns inte en enda snöflinga som är den andra lik, samtidigt är alla snöflingor likadana på flera sätt. Den mest karaktäristiska egenskapen är givetvis att alla snöflingor består av snö. Och snö är förstås i grund och botten vanligt vatten. Snöflingor formas av den luft och det klimat i vilket de faller ner genom. Dessa yttre påverkansfaktorer gör att de förändras från där de startar sin flygtur till där de avslutar sin flygtur. Men oavsett vilken färd en snöflinga gör och hur den ser ut, kommer den till sist när den smälter att återgå till vatten.

På samma sätt kan man se på människor. Vi är unika och olika, men har ändå karaktäristiska och gemensamma egenskaper som gör oss till just människor. Det finns miljarder av människor och lika många variationer av personligheter. Vi vet att två människor rent fysiskt kan uppleva exakt samma situation. Men vi vet också att den mentala kontentan av samma fysiska upplevelse, blir två helt skilda och subjektiva erfarenheter. Redan som barn blir vi formade av den miljö vi växer upp i. Föräldrar, lärare, ledare, vänner, bekanta med flera ger oss indikationer på hur vi ska uppträda för att bli accepterade. Vår hjärnas belönings- och bestraffningssystem jobbar för högtryck under hela vår uppväxt och ger oss "svar" på hur vi är som personer och vilka beteenden som från omgivningen är önskvärda eller inte.

Från barnsben utvecklar vi alltså beteenden genom den feedback vi får från andra och av oss själva. Dessa beteenden bygger vi medvetet och omedvetet in och använder i dagliga situationer. Vi gör det vi tycker fungerar och det som känns mest naturligt kopplat till den personlighet vi upplever oss ha. Vissa beteenden tenderar vi att använda mer eftersom de känns mer komfortabla och naturliga att använda i många situationer. Dessa beteenden är inte särskilt energikrävande och skapar för det mesta en trygghet i vardagen.

Människor har olika preferenser. Det innebär inte att vissa preferenser är bättre eller sämre än andra, det innebär bara att de är olika och att de passar olika bra i olika situationer. Hur vi uppfattar och responderar på en given situation och andra människors beteendemönster, kan många gånger också ge indikationer på vår egen naturliga stil. Tänk dig till exempel att du sitter i ett mötesrum, redo att diskutera det senaste projektet. På ena sidan av bordet har vi Dominica, den pragmatiska projektledaren som är känd för sitt motto: "Tid är pengar, så slösa inte min." Hennes e-postmeddelanden är ofta inte längre än en tweet, och hennes svar i möten kan nästan betraktas som konstverk i minimalism. På andra sidan bordet sitter Isabell, teamets kreativa kraft. Hennes e-postmeddelanden? Ja, de är mer som små noveller, komplett med bakgrundsinformation, kontext och ibland till och med en liten reflektion över livets stora frågor.

Dominica börjar mötet med en klassisk öppning: "Okej, vi behöver en uppdatering om projektet. Vad är status?" Hennes blick skannar snabbt rummet, som om hon letar efter den snabbaste vägen ut.

Isabell tar till orda och börjar förklara. Hon målar upp en detaljrik historia av varje liten del av projektet, från den första "brainstormen" till det senaste mötet med kunden. Hon belyser alla möjliga vägar som de övervägde men till slut avfärdade. Tio minuter senare befinner sig Dominica i en tyst inre kamp för att hålla ögonlocken öppna medan Isabell precis har kommit igång med sin beskrivning av det senaste designförslaget.

Kommunikation handlar inte bara om att prata eller skicka e-post. Det handlar om *hur* vi pratar, hur mycket vi säger och vilken information vi tycker är viktig att dela. Dominica tror att världen skulle vara en bättre plats om alla kunde komprimera sina tankar till tre meningar eller mindre. Isabell är å andra sidan övertygad om att världen behöver mer kontext, mycket mer kontext, för att verkligen förstå något.

Här kommer en fråga som kanske får dig att skruva på dig lite: Känner du igen dig i Dominica? Tycker du att hennes kortfattade stil är ett ideal att sträva efter? Kanske får tanken på att bli mer som Isabell dig att rysa. Tänk att behöva lägga tid på alla dessa oväsentliga detaljer, att bli uppslukad av kontexten istället för att snabbt komma till saken! Eller är du mer av en Isabell, någon som njuter av att dyka djupt ner i varje aspekt och tanken på att behöva skära ner och förenkla känns som en ren mardröm. Hur skulle världen se ut om alla började prata och tänka som Dominika? Det är lätt att tänka: "Nej tack, det räcker med en av oss!"

Det är just här som vi snubblar över en av kommunikationens största paradoxer – våra olikheter är både vår största tillgång och vår största utmaning på samma gång. Vi har en tendens att bli blinda för den fantastiska potentialen som ligger i andras sätt att kommunicera. Istället fokuserar vi på det som får oss att gnissla tänder. Dominika kanske ser Isabells detaljerade förklaringar som en tidsödande labyrint, medan Isabell upplever Dominikas kortfattade svar som en snabbspolning genom viktiga insikter. I denna konflikt mellan "detaljer till döds" och "kort och koncist" finns det en djupare verklighet som är både ironisk och insiktsfull.

Vi kan lätt fastna i vårt eget perspektiv och se andras kommunikationsstilar som hinder snarare än möjligheter. Men vad skulle hända om vi kunde vända på det? Om vi istället för att se Dominica som en som skär bort det som är viktigt kunde se henne som en som hjälper oss att fokusera på kärnan? Och om vi istället såg Isabell som den som ger oss den nödvändiga bakgrunden och perspektivet som kan rädda oss från att missa avgörande detaljer?

Vare sig vi vill eller inte, behöver vi nog erkänna att både Dominica och Isabell har något väsentligt att erbjuda. I ett effektivt team är det inte fråga om att vara antingen eller, det handlar om att lära sig att navigera bland olikheter och använda dem som byggstenar snarare än barriärer. När vi hittar sätt att integrera dessa olika stilar, kan vi skapa ett kommunikationsklimat som är både djupgående och effektivt. Ett klimat där alla perspektiv får plats och blir hörda. Så när du nästa gång finner dig själv i en diskussion med någon som verkar komma från en helt annan värld, påminn dig själv om att det är i just dessa olikheter som vår största styrka och lärdom kan ligga. Genom att uppskatta och lära oss från varandras stilar kan vi transformera våra projekt, våra team och kanske till och med vårt sätt att se på världen.

Att förstå andra människor är dock sällan helt enkelt. Men vi behöver inte vara experter på neurovetenskap eller personlighetsteori för att känna igen tydliga beteendemönster och skapa förståelse omkring dessa. Vi kan alla se tendenser i vårt eget och andras sätt att vara. Någonstans behöver vi ändå börja om vi vill förstå teorierna bakom dessa beteenden och deras praktiska användbarhet. Ett bra första steg är att nyfiket reflektera omkring våra egna beteendemönster. Beteenden är trots allt något som är observerbart Ibland handlar det mer om att utforska *hur* saker är, eller möjligen skulle kunna vara, snarare än att fastna i rättfärdigande i varför det är som det är och varför det inte går att ändra på. Genom att vara öppna för nya perspektiv kan vi fördjupa vår förståelse av oss själva och andra på ett naturligt och nyfiket sätt.

Vår personlighet

Låt oss börja med att, som man brukar säga, slå in lite öppna dörrar. Den bok du just nu läser är ingen vetenskaplig avhandling om personlighet. Ambitionen är inte att ge en heltäckande förklaring av en människas personlighet. Vad vi dock behöver konstatera, även i en så kallad populärvetenskaplig bok, är att personlighet idag är ett komplext begrepp som kan definieras på många sätt. Skilda uppfattningar ger olika innebörd och det finns ingen exakt eller absolut definition. Att både arv och miljö påverkar utvecklandet av vår personlighet är de flesta forskare ense om, frågan är bara i vilka proportioner dessa två grundläggande påverkansfaktorer verkar. Den dominerande uppfattningen verkar åtminstone i skrivande stund vara att arvet, vår nedärvda fysiologi, ger de yttre förutsättningarna för vilken personlighet vi får. Miljön påverkar och skapar sedan det slutgiltiga resultatet.

Dagens forskare försöker förstå och förklara personlighet genom att skapa modeller som innefattar både miljöaspekter och ärftliga faktorer. Vad som här har mest inflytande, miljö eller arv, varierar i den specifika situation personen befinner sig i. Man har dock kunnat fastställa att arvet spelar en större roll för utvecklandet av vissa delar av vår personlighet, medan vissa beteenden och egenskaper är betydligt mer påverkbara av miljön.

Idag kan forskningen påvisa den procentuella påverkan av vårt genetiska arv för en rad sjukdomar, men även vissa egenskaper. Till exempel har tvillingstudier påvisat att den genetiska styrningen av konflikträdsla är så låg som endast 15%. I praktiken innebär det alltså att konflikträdsla är en "egenskap" som till stor del är inlärd. Troligtvis är också konflikträdsla en något som är lättare att förändra än till exempel temperament, som verkar vara mer genetiskt betingat. Vissa av våra beteenden är därmed inte alls huggna i sten utan har stor utvecklingspotential oavsett vilken personlighet vi utvecklar.

Någon sa vid ett tillfälle att beteendevetenskapen är lika långt ifrån att kunna beskriva varje unik människas personlighet som en orienterare med en karta över en stad, är att veta vilka som bor i respektive hus eller lägenhet. Det går aldrig att förutse ett beteende till 100 %. Kanske är det rätt skönt, eftersom vår tillvaro antagligen vore rätt tråkig om alla skulle kunna förutse allas beteenden i varje situation. Det till trots verkar det som om vissa beteenden och karaktärsdrag går att uppmärksamma

9

hos alla människor, vilket i sin tur gör att det med stor sannolikhet går att förutse vissa beteendemönster.

Förklaringen av likheter och olikheter i mänskligt beteende bygger bland annat på teorier om en individs egenskaper, värderingar, tankemönster, stimuli och respons. När det gäller just stimuli och respons kan man också härleda rena beteende- och kommunikativa mönster till dessa faktorer. Olika omständigheter eller händelser (stimuli) får människor att agera eller reagera (respons). Människor kan emellertid uppvisa olika reaktioner på ett och samma stimuli. I en given situation kan man alltså förvänta sig att olika människor reagerar på skilda sätt. Personligheten definieras därför ibland som summan av en unik människas sätt att agera och reagera utifrån varierande stimuli.

Rent praktiskt är det naturligtvis omöjligt att mäta och värdera alla möjliga slags reaktioner en person kan uppvisa i olika situationer. Olika slags reaktioner bildar tillsammans med karaktärsegenskaper en persons karaktäristiska beteenden. Ett beteende kan därmed sägas vara ett förväntat sätt att handla i en viss situation. Forskningen omkring människans personlighet är därför av naturen kategoriserande och i viss mån stereotypbildande. Det innebär att det är, och förmodligen under en lång tid framöver kommer att vara, lättare att beskriva beteendemässiga tendenser hos grupper av människor istället för varje enskild människa.

En del beteendevetare och psykologer avfärdar gärna så kallade typteorier, personlighetstest och koncept som beskriver vår personlighet utifrån ett antal statiska egenskaper. Personligheten är mer komplex än så, vilket i sak är helt korrekt. Men mycket av den beteendevetenskapliga forskningen som behandlar området personlighet och beteendemönster visar på en tydlig slutsats: *De mest effektiva individerna, oavsett vilken position de befinner sig i, har god förmåga att förstå sitt eget och andras agerande.*

Förståelsen av våra beteendemässiga styrkor och vår utvecklingspotential, tillsammans med förmågan att upptäcka andras styrkor och deras utvecklingspotential, ger oss möjligheter att utveckla strategier för att möta omgivningens krav. Därför blir det också mer intressant att studera personligheten och våra typiska beteenden i en strukturerad form, snarare än att förstå vår personlighet på ett djupare plan.

Strukturen

Om vi gör det enkelt, *för* enkelt skulle vissa säga, kan vi beskriva strukturen för vår personlighet likt en apelsin. Längst inne i apelsinen finns kärnor, själva grunden till det som i framtiden ska bli nya apelsiner. Runt kärnorna finns det som karaktäriserar hela frukten apelsin, fruktköttet. Skalet, det yttersta lagret på apelsinen fungerar som ett skydd för dess innanmäte och skiljer sig ganska mycket ifrån fruktköttet både när det gäller smak och konsistens.

Likt apelsinens kärnor har vår personlighet också grundläggande komponenter som gör oss till den vi är. Vi kan kalla dessa för vår *karaktär*. Den innehåller de egenskaper och uppfattningar om vår identitet som bildar vår innersta karaktär. Kort sagt en representation av "det riktiga jaget".

Apelsinen består mestadels av fruktkött och vi människor består mestadels av tydliga och synliga karaktärsdrag och vanor. Denna del av oss själva kan vi kalla *typiska reaktioner*. De typiska reaktionerna är de mest vanliga beteenden vi använder i de flesta miljöer. Ofta, men inte alltid, är dessa reaktioner bra indikatorer på vår innersta personlighet.

Det ytligaste lagret i människans personlighet skiljer sig likt skalet på apelsinen från dess innanmäte. Detta lager kan kallas *situationsanpassade beteenden*. Våra situationsanpassade beteenden kan sägas vara beteendemässiga uttryck av hur vi uppfattar oss själva och vår omgivning i den en given situation.

Oavsett om du accepterar den metaforiska beskrivning eller inte, kan vi vara överens om att personligheten finns och har ett ursprung. Förklaringarna på vad som är det verkliga ursprunget skiljer sig åt beroende på vilket perspektiv man antar.

Vilket perspektiv som ger den mest adekvata förklaringen på vår personlighet kan diskuteras, men förmodligen är det omöjligt att ge något konkret svar på det. Det intressanta är dock att varje perspektiv eller teori egentligen har samma mål – att *beskriva*, *förstå* och *förutse* våra beteenden, för att slutligen kunna möjliggöra för oss att *påverka* dessa. Med den utgångspunkten kan det vara mer relevant att söka svar på *hur människors personlighet responderar på omgivningen.*

11

Vad är DISC?

1928 hade en man vid namn William Moulton Marston just sammanställt sin forskning i boken "The Emotions of Normal People". Marston var, till skillnad från den tidens och senare mer berömda beteendevetenskapliga företrädare, mer intresserad av det friska och normala än det sjuka och avvikande. Marston skapade en modell som i dess ursprung inte beskriver fyra typer av människor, utan snarare fyra typer av reaktioner baserade på en människas förhållningssätt till sig själv och sin omgivning. Bakom dessa reaktioner ligger, enligt Marston, primära känslor som går att finna hos alla människor. Hans teori kan sammanfattas i hans egen signifikanta slutsats: "Det är lämpligt att tänka på styrkan i jagets reaktion plus styrkan i omgivningens påverkan som en konstant eller balanserad ekvation." Enkelt förklarat handlar det om fyra olika sätt att reagera utifrån sin inre drivande kraft (Motor Self) i relation till en yttre kraft (Motor Stimuli).

- *Dominance* (dominerande, utmaningar och problem), hur en person responderar på uppfattade problem eller utmaningar. Beteendet innebär att dominera en antagonistisk yttre "kraft".

- *Inducement* (influerande, kontakter och påverkan), hur en person försöker påverka andra utifrån sin egen infallsvinkel. Beteendet innebär att influera en allierad yttre "kraft".

- *Submission* (medgörlig, relationsstrukturer och stabilitet), hur en person känner av och responderar på redan befintliga strukturer. Beteendet innebär att följa en allierad yttre "kraft".

- *Compliance* (tillmötesgående, regler och gränser), hur en person responderar på regler och ramar som är uppsatta av andra. Beteendet innebär att rätta sig efter en antagonistisk yttre "kraft".

Marston fann två utgångspunkter som var viktiga för att förstå människors beteende i en given situation, *synen på omgivningen* och *synen på sig själv*. Vi gör alltså alltid en uppskattning av den givna situationen som antingen som mer eller mindre gynnsam utifrån vårt eget perspektiv. Vi gör också en värdering av oss själva och uppfattar oss själva som mer eller mindre betydelsefulla/starka i den givna situationen.

12

Dessa utgångspunkter får självklart konsekvenser på vårt beteende och vårt sätt att kommunicera med andra. Marstons teorier har framförallt under senare delen av 1900-talet utvecklats och omsatts i den kända DISC-modellen. Modellen används över hela världen för att få människor att bättre förstå varandras beteende- och kommunikationspreferenser.

För att kunna fokusera på vad DISC är, kan vi börja med att tala om vad DISC *inte* är. På så sätt slipper du också fundera på om man skulle kunna använda modellen till annat än vad den är till för. Bonnstetter och Suiter (2004) ger oss följande viktiga synpunkter:

- DISC är inte ett intelligenstest och ger oss ingen indikation på intelligens (IQ). IQ är mycket svårt att mäta, om det ens går att mäta. DISC mäter det inte.

- DISC ger oss inget svar på en persons styrande värderingar. Värderingar är inget som är observerbart förrän dessa uttrycks. De kan påverka en persons beteende, men DISC kan inte mäta detta.

- DISC mäter inte kunskap eller erfarenhet. Vad en person har för formell kompetens eller vilka erfarenheter den har från en viss yrkesroll påverkar sannolikt en pesons beteende. DISC kan dock inte mäta detta.

Även om DISC är ett nytt koncept för en del läsare, så är modeller som bedömer personlighetstyper, beteendestilar eller olika typer av temperament för många läsare något välbekant. Och som du säkert redan vet finns det många modeller som beskriver mänskligt beteende. I denna bok har vi på oss de glasögon som ser på mänskligt beteende med "DISC-linser". Det innebär förstås att andra förklaringsmodeller ibland håller med och ibland motsäger de förklaringsgrunder som används inom DISC-teorin.

Eftersom människan studerat mänskligt beteende i tusentals år finns det givetvis många olika teorier kring detta. Det finns dock en stor skillnad mellan DISC och klassiska typteorier. DISC gör inte anspråk på att kartlägga en människas personlighet, utan är istället ett verktyg för att reflektera över vilka beteendemönster en människa använder i en given situation. Denna skillnad är viktig att påpeka eftersom människor kan använda och ändra sina beteendemönster i en given situation och till och med förändra sitt beteende och kommunikationssätt i ett och samma samtal med en annan person. DISC är ett sätt att illustrera vår kommunikation genom vårt beteende och språk.

Lapointe, Bonnstetter, et al (1987) påpekar att de mest effektiva individerna, oavsett vilken position de befinner sig i, har en god självkännedom samt en förmåga att förstå andras agerande och behov. DISC kan hjälpa människor att förstå sina egna beteenden och dess för- och nackdelar. Beroende på vilket DISC-instrument som används kommer själva modellen att se lite olika ut. Grundtanken är dock alltid att ge förutsättningar för att förstå mänskliga beteende- och kommunikationsmönster.

DISC-modellen är i dess enklaste form uppbyggd av två koordinataxlar, en vågrät och en lodrät. En koordinataxel är i detta sammanhang ett kontinuum mellan två ytterligheter. Du kan till exempel tänka dig en koordinataxel mellan motsatserna kokande vatten och is. Vid de extrema ytterligheterna på den axeln finns det väldigt het respektive kall temperatur. Medan du rör dig längs med axeln från en ytterlighet till en annan, passerar du en variation av olika temperaturer, var och en övergående i nästa. När man använder en koordinataxel för att beskriva en persons beteende har den många likheter med ovanstående exempel. De motsatta ändarna av axeln refererar till två motsatser eller ytterligheter av karaktärsegenskaper. Själva axeln representerar olika grader eller valörer av karaktärsegenskapen, allt eftersom vi rör oss från en ytterlighet till en annan.

Man kan också likna modellen vid en kompass med två nålar. Nålarna har ett statiskt förhållande till varandra och beroende på vilket DISC-instrument man använder kommer de att vara riktade åt olika håll. Om man vrider kompassen 45 grader kommer givetvis den lodräta nålen bli vågrät, men det spelar ingen roll eftersom förhållandet mellan de båda nålarna är konstant. Dessa två kompassnålar med respektive två karaktärsegenskaper vardera skapar därmed fyra fält som vart och ett representerar en grundpreferens. Det bör också nämnas att de ord jag valt i denna bok för att beskriva nålarnas ytterligheter, är inte samma ord som används i alla beskrivningar av teorin bakom DISC. Orden varierar beroende på vilket verktyg man använder, men de fyra grundpreferensernas karaktäristika blir dock desamma.

14

DISC-modellen i dess enklaste form

Precis som Rohm (2004) beskriver, har vi alla har vi en "motor" som driver oss. Den kan ha en snabbare eller mer långsam takt. Den snabba takten gör oss mer utåtriktade och den långsamma gör oss mer reserverade. Du har säkert lagt märke till att det finns människor på din arbetsplats som ofta säger vad de tycker, kommer med inlägg och förslag i diskussioner. Samtidigt har du säkert också lagt märke till att det finns andra som är betydligt mer reserverade och tystlåtna i samma diskussioner.

Personer som använder ett *utåtriktat* och *direkt* beteende är proaktiva och uttrycker sig genom direkt kommunikation. De föredrar att vara ledare framför att vara följare i kommunikationen och tycker om omedelbar handling när så är möjligt. De tror på att gripa tillfällen i flykten och att göra saker och ting på sitt sätt. Eftersom de ofta både är oberoende och framträdande, föredrar de att påverka människor på olika sätt snarare än att eftersträva samarbete.

Personer som använder ett *reserverat* och *indirekt* beteende, beskrivs ofta som tålmodiga och försiktiga i sin kommunikation. De undviker att ta risker och agerar sällan på egen hand, såvida inte trycket att handla blir outhärdligt. De ogillar förändringar eller oplanerade händelser och eftersträvar lugna, förutsägbara situationer.

Utåtriktad och direkt

Ser sig själv som mer
betydelsefull/stark i situationen

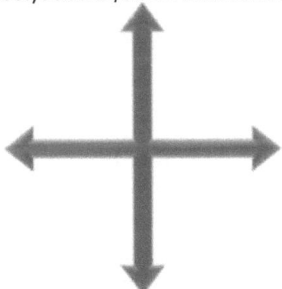

Reserverad och indirekt

Ser sig själv som mindre
betydelsefull/stark i situationen

15

Ritchey (2002) poängterar att det är uppfattningen om oss själva i en given situation som påverkar vilken av våra motorer vi använder. Om vi ser oss själva som mer betydelsefulla/starka i den givna situationen, är det sannolikt så att vi kommer att vara mer utåtriktade. Om vi istället ser oss själva som mindre betydelsefulla/starka i situationen kommer vi att vara mer reserverade.

Om du tänker på dig själv kan du säkert utan tvivel känna igen dig som antingen utåtriktad eller reserverad i olika situationer. Oavsett hur din kompassnål pekar är båda ytterlägena någon gång till nytta. Det är ytterst viktigt att påpeka att det inte ligger någon värdering i att det ena eller det andra sättet att agera skulle vara bättre eller sämre.

Låt oss nu fokusera på den vågräta nålen, som illustrerar huruvida vi har en inställning av att vara accepterande eller bedömande. Det är ett mått på vårt sociala beteende och beskriver olika möjligheter till samspel med andra människor. I olika situationer känner vi oss mer eller mindre öppna för att acceptera saker. Om vi är accepterande är vi oftast öppna för andra människors tankar och känslor. Per automatik värdesätter vi då starka relationer. Rohm (2004) hävdar att vi ibland också blir relationsfokuserade på bekostnad av vår uppgiftsfokus. På samma sätt lägger vi vid andra tillfällen betydligt större fokus på det praktiska och blir mer uppgiftsfokuserade. Då väljer vi att inrikta oss på kalla fakta och rationella argument i högre grad än känslomässiga och relationsmässiga hänsynstaganden.

Personer som använder ett *accepterande* beteende karaktäriseras ofta som välvilliga, pålitliga och tillitsfulla. De har lätt för att uttrycka sig och värdesätter starka relationer till andra människor. De har också en benägenhet att vilja verka på en känslomässig nivå, berättar mer av vad de subjektivt upplever samt hyser och visar stor medkänsla för människor i sin omgivning.

Personer som använder ett *bedömande* beteende är ofta praktiska och upplevs ibland som något känslokalla till sättet. De värderar fakta och rationella argument högre än känslomässiga hänsynstaganden och föredrar att följa eller skapa tydliga regler och ramar. De kan ibland bli skeptiska eller misstänksamma och lämnar sällan naturligt ifrån sig information om sig själva till andra personer. Även utifrån dessa aspekter inser du säkert att det finns ett värde i båda ytterligheterna, även om du själv tenderar att använda något av karaktärsdragen mer än det andra.

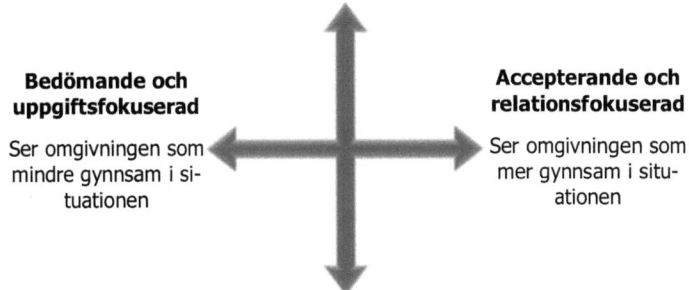

Bedömande och uppgiftsfokuserad

Ser omgivningen som mindre gynnsam i situationen

Accepterande och relationsfokuserad

Ser omgivningen som mer gynnsam i situationen

Ritchey (2002) hävdar att det är vår syn på omgivningen som är nyckeln till hur vi väljer att förhålla oss till situationen. Om vi tolkar situationen som gynnsam antar vi oftast ett accepterande förhållningssätt. Om vi istället tolkar omgivningen som mindre gynnsam tenderar vi att bli mer bedömande. På samma sätt som tidigare är det viktigt att inte lägga någon värdering i om att det ena skulle vara bättre än det andra. Vi gör helt enkelt bara olika saker i olika situationer.

"Alla människor uppvisar alla fyra beteendemönstren i varierande grad och intensitet" hävdade upphovsmannen Marston. Vissa känner sig mer bekanta med någon eller några av de tidigare beskrivna egenskaperna. Vanligtvis uppmärksammar vi de egenskaper som vi tror oss inneha, eller snarare fått bekräftat av andra att vi har – men faktum är att vi kan vara mer dynamiska än vi tror.

Ju mer vi uppmärksammar och tror att vi har vissa statiska egenskaper desto mer kommer vi att notera och använda dem. DISC-modellen ger oss information om både våra väl använda beteendemönster och om vilka som ligger utanför vår trygghetszon. I de senare hittar vi inte sällan vår största utvecklingspotential.

I efterföljande text kommer jag mycket kortfattat att beskriva de fyra grundbeteenden som ingår i DISC-modellen. Jag kommer att exemplifiera alla fyra utifrån en och samma situation.

Situationen är följande: Du står i en absolut fullsatt hiss en helt vanlig dag och du är på väg till ett möte. Hissen stannar och utanför står en person som vill kliva på.

Om du uppfattar dig själv som mer betydelsefull och är bedömande i situationen antar du ett *D-beteende* (D=Dominant, Drivande, Determinerad). D-faktorn mäter i grund och botten hur du bemöter och löser problem samt hur du responderar på utmaningar eller hinder. När du antar ett D-beteende agerar du kraftfullt och aktivt. Hur skulle din respons bli om du stod inne i den fullsatta hissen om du antog ett fullfjädrat D-beteende? Troligtvis skulle du med kraftfull stämma kort och koncist säga till personen utanför: *"Det är fullt!"* Eventuellt skulle du kanske också trycka på dörrstängaren i samma veva.

Om du uppfattar dig själv som mer betydelsefull och är accepterande antar du ett *I-beteende* (I=Influerande, Inspirerande, Impulsiv). I-faktorn mäter hur du försöker påverka eller övertala människor i din omgivning. När du använder ett I-beteende agerar du verbalt utåtriktat i syfte att påverka andra genom entusiasm och livlighet. Hur skulle din respons bli om du stod inne i den fullsatta hissen om du antog ett tydligt I-beteende? Kanske säga något i stil med: *"En till får vi nog plats med! Nu trycker vi ihop oss, finns det hjärterum så finns det stjärterum!"*.

Om du uppfattar dig själv som mindre betydelsefull och är accepterande antar du ett *S-beteende* (S=Stabil, Supportande, Sansad). S-faktorn mäter hur du känner av och följer omgivningens "takt". När du använder ett S-beteende stödjer och samarbetar du gärna med andra människor. Hur skulle din respons bli om du stod inne i den fullsatta hissen om du antog ett starkt S-beteende? Den naturliga responsen vore då att artigt flytta på sig en aning så att personen utanför kan komma in och få plats.

Om du uppfattar dig själv som mindre betydelsefull och är bedömande antar du ett *C-beteende* (C=konstruktiv, kontrollerad, korrekt). C-faktorn mäter hur du uppfattar och efterföljer regler och normer uppsatta av andra. När du använder ett C-beteende ser du till att uppträda på rätt sätt samt följa givna standarder och regler. Hur skulle din respons bli om du stod inne i den fullsatta hissen om du antog ett strikt C-beteende? Troligen skulle du notera att det inte får plats med fler enligt föreskrivna regler. Om personen ändå går in i hissen skulle du kanske, utan att säga något, själv gå ut från hissen om ingen annan gjorde det.

 **Kort reflektion:**

Vilket av ovanstående beteenden ligger närmast respektive längst ifrån ditt naturliga sätt att agera i situationen?

Alla fyra reaktioner i den föregående beskrivna hissituationen är naturliga för människor. Skillnaden är att varje enskild människa inte använder samma beteende i samma situation, inte ens samma person använder alltid samma beteende i samma situation. Ibland kanske vi trycker på dörrstängaren och säger att det är fullt, medan vid ett annat tillfälle endast flyttar på oss utan att säga något.

Alla människor använder dock vissa beteendemönster mer frekvent. Dessa är en del av vår egen "autopilot". När vår autopilot är påslagen syns våra mest naturliga beteendemönster som mest. Det är dock viktigt att påpeka att inget beteende är bättre än något annat. Om du trots ovanstående påpekande gör bedömningen att något av de fyra grundbeteendena är bättre än något annat, bör du fundera på varför du gör den värderingen. Svaret blir troligtvis att det beteendet känns mer naturligt för dig. De fyra grundbeteendena i DISC ser du placerade i den efterföljande modellen.

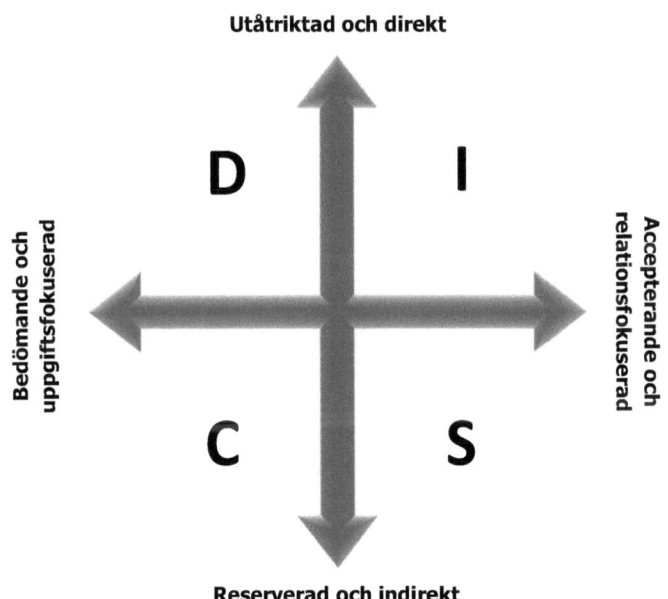

När vi lär oss något nytt och spännande finns det en risk att vi förenklar, drar förhastade slutsatser eller blir övermodiga i vår förståelse. Detta fenomen kallas ibland för *The Sophomoric Syndrome*. För att undvika att använda dina nya kunskaper på ett felaktigt sätt, pekar Bonnstetter och Suiter (2004) på några mycket viktiga principer för att korrekt tilllämpa DISC-modellen.

- *DISC är ett observerbart språk.* Allt du kommer att lära dig om DISC är observerbart. DISC kategoriserar endast beteendemönster och kommunikationsstilar. Att använda modellen på något annat sätt är lika med att försämra de möjligheter modellen har för att utveckla människor.

- *DISC är ett universellt språk.* Mänskligt beteende finns givetvis över hela världen. DISC-modellen är varken köns- eller kulturbunden. Det går att hitta människor, oavsett kön, som är analyserande och återhållsamma, såväl som är drivande och utåtriktade. Grundläggande mänskliga beteenden finns i alla kulturer. Bara genom att studera människor omkring dig kan du lätt se olika typer av beteenden.

- *DISC är ett värderingsfritt språk.* Det finns inget rätt eller fel i DISC. När du gör en DISC-analys kan du varken lyckas eller misslyckas med dina svar. När människor talar om "rätt" och "fel" baseras dessa antaganden på egna värderingar. Om vi värderar olika beteende- och kommunikationssätt som rätt eller fel hindrar vi oss själva från att förstå andra.

- *DISC är ett tyst språk.* Människor gillar i allmänhet inte att bli "etiketterade", oavsett vilken modell som används för att förklara dessa "etiketter". DISC är rätt förstått och rätt använt ett tyst språk. Tyst i den meningen att en person utbildad i DISC visar sin kunskap genom att interagera och kommunicera med andra på ett effektivt sätt, inte genom att tala om för andra vad de har för färg eller bokstavskombination.

20

Skatta dig själv

Hur skulle du beskriva dig själv? I efterföljande text finner du ett antal påståenden uppdelade i 12 sektioner.

Skatta dig själv genom att i varje sektion välja **ett** av de fyra påståendena som i jämförelse med de andra tre beskriver dig bäst. Ringa sedan in det val du gör i varje sektion.

Var ärlig och välj ut en situation, till exempel din arbetsroll, och tänk på dig själv i den rollen under tiden du gör skattningen.

Sektion 1
1. Är utmanande och tävlingsinriktad.
2. Är influerande och entusiasmerande.
3. Är lugn och tålmodig.
4. Är diplomatisk och analyserande.

Sektion 2
1. Har goda sociala färdigheter och tar snabbt nya kontakter.
2. Värdesätter lojalitet och är själv mycket lojal mot andra.
3. Uttrycker åsikter rakt och direkt utan omskrivningar.
4. Agerar diplomatiskt och vill inte att andra blir känslomässiga.

Sektion 3
1. Siktar högt och är i allmänhet mycket driven.
2. Är systematisk och genomtänkt i de flesta situationer.
3. Ser optimistiskt på det mesta i livet.
4. Har tydliga rutiner och arbetar gärna i en förutsägbar miljö.

Sektion 4
1. Är ofta utåtriktad och personlig.
2. Är ofta självgående och individualist.
3. Är ofta i bakgrunden för att kunna stödja andra.
4. Är ofta mån om att undvika ett ogenomtänkt risktagande.

Sektion 5
1. Strävar efter att följa föreskrivna regler och ramar.
2. Tappar intresse eller blir otålig utan tydligt mål.
3. Vill gärna stå i centrum för människor och händelser.
4. Är mycket lugn och omtänksam.

Sektion 6
1. Är direkt och drivande i samtal med andra.
2. Lättar hellre upp stämningen istället för att konfrontera.
3. Dubbelcheckar och gör förberedelser in i minsta detalj.
4. Är empatisk och lyssnar gärna mer än pratar.

Sektion 7
1. Är involverad i många olika projekt och ogillar rutinarbete.
2. Ogillar passivitet och vill styra upp aktiviteter själv.
3. Ogillar snabba förändringar som initieras av andra.
4. Är uppgiftsinriktad och gillar inte att socialisera utan syfte.

Sektion 8
1. Tenderar att vara kritisk om någon saknar handlingskraft.
2. Vill influera och påverka andra på ett följsamt sätt.
3. Föredrar att uppträda reserverat och genomtänkt.
4. Uttrycker inte alltid åsikter fast behovet att göra det finns.

Sektion 9
1. Försöker i största möjliga mån undvika att ha fel.
2. Försöker i största möjliga mån undvika konflikter.
3. Försöker i största möjliga mån undvika att bli styrd av andra.
4. Försöker i största möjliga mån undvika att ta impopulära beslut.

Sektion 10
1. Visar stor integritet och diskuterar sällan personliga saker.
2. Agerar snabbt och direkt på egen hand.
3. Är hjälpsam och vänlig mot andra.
4. Lyfter stämningen genom att vara entusiastisk och positiv.

Sektion 11
1. Har lätt för att ta andras perspektiv.
2. Överväger saker och ting mycket noga.
3. Tenderar att tro gott om och lita på andra människor.
4. Är rakt på sak och driver på andra.

Sektion 12
1. Är kraftfull i sättet att kommunicera.
2. Anpassar beteendet efter andra.
3. Känner tydligt av andras sinnesstämningar.
4. Säger sällan något som inte är genomtänkt.

Använd nu tabellen på nästa sida och ringa in det val (1, 2, 3 eller 4) du tidigare gjort i respektive sektion. Summera sedan hur många val du gjort i varje kolumn.

Observera att alternativen inte står i samma ordning i varje sektion.

	1	2	3	4
Sektion 1:	1	2	3	4
Sektion 2:	3	1	2	4
Sektion 3:	1	3	4	2
Sektion 4:	2	1	3	4
Sektion 5:	2	3	4	1
Sektion 6:	1	2	4	3
Sektion 7:	2	1	3	4
Sektion 8:	1	2	4	3
Sektion 9:	3	4	2	1
Sektion 10:	2	4	3	1
Sektion 11:	4	3	1	2
Sektion 12:	1	2	3	4
Antal svar	D =	I =	S =	C =

Kanske har du nu fått en eller ett par kolumner där dina flesta val ligger. Detta är indikationen på det eller de beteendemönster du ser dig själv använda mest i den situation du valt att bedöma dig i.

Om du gjort ungefär lika många val i varje kolumn, bör du fundera på om du varit tillräckligt specifik i din egen skattning av dig själv. Du använder sannolikt inte lika mycket av D, I, S och C i den situation du bedömt dig i. Ett jämnt fördelat resultat kan bero på att du tänkt på dig själv i många olika situationer eller att du faktiskt försöker vara allt i den situation du fokuserat på. Eftersom DISC är en situationsanpassad modell kan du göra om din skattning och verkligen hålla fokus på dig själv i en viss situation för att se om det kan nyansera dina svar.

24

Även om denna enkla skattning inte kan sägas vara en validerad DISC-profil, kan den ge en indikation på vilket eller vilka beteendemönster du använder mest i den situation du valt. Ta med dig resultatet in i bokens resterande kapitel och fundera över hur väl denna korta och förenklade skattning stämmer med ditt sätt att vara och kommunicera med andra.

Kom dock ihåg att ett validerat DISC-instrument ger dig betydligt mycket mer information än den skattning du just gjort. Denna självreflektion är endast till för att hjälpa dig att få en bild av de fyra grundpreferenserna som du kommer att läsa mer om i nästa kapitel.

Jag vill också påpeka att jag i den här boken fokuserar på att diskutera DISC-modellen och dess tillämpningar, utan att rekommendera något specifikt DISC-instrument. Det finns flera validerade DISC-instrument på marknaden idag. Dessa har genomgått processer för att säkerställa deras tillförlitlighet och validitet. Varje instrument kan ha sina egna unika egenskaper och tillämpningar som passar olika situationer och användare. Det är därför viktigt att noga överväga vilka behov och syften man har innan man väljer vilket DISC-instrument man ska använda.

25

2. Du är aldrig stillös

Har du tänkt på att när någon ber dig att "bete dig som folk", är det egentligen en av de mest förvirrande uppmaningar du kan få. "Folk" beter sig nämligen väldigt olika i olika situationer. Trots detta, är vi människor rätt förutsägbara. Vi har inte så extremt många olika sätt att förhålla oss till en situation.

Även om vi till viss del är förutsägbara, finns det stor sannolikhet att vi i samma situation tolkar, tänker, kommunicerar och hanterar stress på olika sätt. En av de främsta orsakerna till att vi kan uppfatta någon annans beteende som märkligt är att deras sätt att agera skiljer sig markant från vårt eget naturliga beteende i den givna situationen.

Men vad är det då som styr dessa olika reaktioner och beteenden? Svaret ligger ofta i våra grundläggande mänskliga behov. Våra beteenden formas av de behov vi försöker tillfredsställa, medvetet eller omedvetet. När vi förstår vilka behov som driver oss själva och andra, kan vi också bättre förstå varför vi beter oss som vi gör. Behovsstyrda beteenden är nyckeln till att låsa upp en djupare förståelse för mänskliga handlingar och reaktioner.

De flesta människor är intresserade av att lära sig mer om sig själva och sina beteenden. Eftersom du läser denna bok är du förmodligen som de allra flesta människor. Vill du bli bättre på att förstå och kommunicera med olika människor börjar du din resa på bästa sätt med att förstå dig själv. Det är först när du förstår dig själv och dina reaktioner som du lättare kan förstå dig på andra.

DISC är baserat på antagandet att du är expert på dig själv. Att använda DISC som en reflektionsmodell är lite som att titta sig själv i spegeln. Har du någon gång tittat på dig själv i en spegel och upptäckt något? Du kanske frågat dig själv: *"Hur ser jag ut egentligen?"* eller *"Wow, vilken snygging!"* Du kanske har tänkt: *"Oj, i julas blev det visst en hel del mat."* eller *"Hm, den där fläcken har jag aldrig sett."*

Oavsett vad du noterar så hjälper spegeln dig att notera det. Och upplevelsen av din observation beror på hur du ser på saken. Tjock, smal, för mycket smink eller för lite, sluskigt orakad eller sexig skäggstubb, allt beror på hur du ser på saken.

Behovsstyrt eller värderingsstyrt beteende

Det finns många teorier omkring våra behov. Men för att inte gräva alltför djupt i det och istället göra det enkelt och funktionellt, kan vi dela in våra behov i: *fysiska behov* – för vår faktiska överlevnad (mat, sömn osv.), *mentala behov* – för vår personliga utveckling (självrespekt, intellektuell stimulans osv.) och *sociala behov* – för att få känna tillhörighet (vänskap, kärlek osv.). Från våra behov kommer vår motivation som ett brev på posten. Motivationen att agera på ett visst sätt har en stark koppling till våra behov, eller snarare till en otillfredsställelse av våra behov.

Värderingar är bedömningsgrunder för vad vi tycker är rätt eller fel att göra i en situation. Ett värderingsstyrt beteende svarar således på *varför* vi anser att vi vårt agerande är det rätta. Ett värderingsstyrt beteende innebär därmed att våra handlingar och beslut är starkt influerade av våra personliga rättesnören. Värderingar är djupt rotade övertygelser som fungerar som vägledande principer i våra liv, samt hjälper oss att avgöra vad vi anser vara rätt eller fel i olika situationer. När vi agerar i linje med våra värderingar känner vi ofta en känsla av autenticitet och tillfredsställelse eftersom vårt beteende är i harmoni med våra inre övertygelser.

Motivation och behov styr våra naturliga och grundläggande beteendemönster. När vi låter oss styras av dessa funderar vi inte så mycket på varför vi gör som vi gör. När våra värderingar styr oss i högre grad än våra behov, antar vi ett beteende som ibland, trots att det är "rätt", ändå känns mindre naturligt. Det beror på att de värderingsstyrda beteendena både är knutna till ett försvar och ett rättfärdigande av det vi gör. Det är också därför de kan bli våra så kallade "måstebeteenden". När så är fallet blir de inte lika naturliga som våra behovsstyrda beteenden.

Då och då kan det också bli konflikt mellan våra värderingsstyrda beteenden och våra behovsstyrda beteenden. Låt mig ta ett exempel. Tänk dig en man med ett starkt behov av att träffa andra människor, få stå i centrum och vara med där det händer. Att socialisera och påverka andra är ett minst sagt mycket starkt behov hos honom. Samtidigt har han gång på gång påtalat för sin familj, och för sig själv, hur viktigt det är att familjen spenderar tid tillsammans och verkligen har kvalitetstid tillsammans.

Föreställ dig nu att denne man blir inbjuden att delta i ett stort release-party samma kväll som han tidigare lovat att tillbringa med sin familj. I detta fall uppstår sannolikt en större eller mindre inre konflikt. Mannens inställning att det är viktigt att ha kvalitetstid med sin familj är kopplat till ett värderingsstyrt beteende, medan hans vilja att delta i releasepar-tyt är styrd av hans behovsstyrda beteende. Förhållandet skulle givetvis också kunna vara det omvända. Hans behovsstyrda beteende skulle kunna vara att spendera tid med nära och kära och han skulle kunna ha en övertygelse om att han i sitt arbete måste delta på releasepartyt av plikt.

Den stora skillnaden mellan behovsstyrda beteenden och värderings-styrda beteenden är huruvida vi har en övertygelse eller inte om något. Behovsstyrda beteenden använder vi, till skillnad från ett värderingsstyrt beteende, ofta utan att (i alla fall medvetet) reflektera över *varför* vi ska agera som vi gör. Ett behovsstyrt beteende är grunden till *hur* vi agerar och kommunicerar.

DISC handlar i första hand inte om att förklara beteendemönster styrda av värderingar, utan visar snarare på vilket sätt våra beteendemönster styrs av behov och motivation. Våra beteenden har dock sitt ursprung i både värderingar och behov.

På grund av att vi stundtals blandar ihop våra behovs- och motivations-mässiga olikheter med värderingsmässiga olikheter kan det vara bra att på ovanstående sätt klargöra skillnaden mellan ett behovsstyrt beteen-demönster och ett värderingsstyrt beteendemönster.

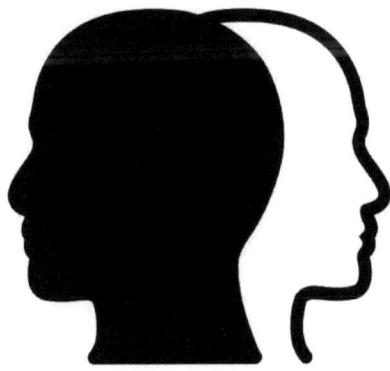

Motivation á la DISC

Människor gör inte saker mot andra, de gör saker för sig själva. När vi analyserar våra egna drivkrafter inser vi ganska snabbt att vårt beteende inte alls är speciellt slumpartat. Vi agerar inte emot våra egna intressen vare sig det handlar om att uppnå eller undvika något. Våra inre styrsystem påverkar både vår inlärning och våra strategier för att åstadkomma något. Ibland är vi inte ens medvetna om dessa inre styrsystem. Ju mer medvetna vi blir om våra drivkrafter desto större möjligheter har vi att utveckla oss själva och påverka den situation vi befinner oss i.

Vår inre motivation avspeglar sig i både beteenden och kommunikation. Ibland styrs vi så mycket av vår grundläggande motivation, att vi inte uppmärksammar våra egna beteenden. Varje grundbeteende i DISC är förknippat med ett antal unika motivationsfaktorer. Om du exempelvis har en intention att följa föreskrivna regler i en given situation kan ditt beteende vara drivet av olika typer av bakomliggande motivation. Din motivation kan vara: att följa uppsatta regler för att göra rätt (C); att följa uppsatta regler för att bli omtyckt av andra (I); att följa uppsatta regler för att ställa upp för andra på bästa sätt (S); att följa uppsatta regler för att snabbare nå ditt uppsatta mål (D).

Oavsett vilken typ av ovanstående motivation som styr dig, blir slutprodukten att följa de uppsatta reglerna. Dessa motivationsfaktorer bidrar också till de fyra olika beteendemönstrens karaktärer. Det innebär att våra beteenden i vissa situationer kan vara rakt motsatta, trots att vi drivs av samma typ av motivation. Olikheterna i våra beteendemönster innehåller betydelsefulla faktorer som ger oss indikationer på varför vissa människor arbetar bättre ihop än andra.

När motivation kopplas till de grundläggande beteendepreferenserna i DISC brukar man beskriva dem som antingen *höga* eller *låga*. När någon beskrivs ha ett högt D-, I-, S- eller C-beteende menas att personen uppvisar ett tydligt beteende som överensstämmer med respektive grundbeteendes tydligaste karaktärsdrag. Ett lågt D-, I-, S- eller C-beteende innebär då snarare motsatsen, vilket i sin tur medför andra karaktärsdrag. I efterföljande text kan du läsa några korta sammanfattningar som illustrerar detta.

Om du i en situation ser dig själv som djärv, beslutsam, våghalsig, tävlingsinriktad och direkt, använder du ett högt D-beteende. Om du i samma situation istället upplever att du är rutinmässig, medgörlig, samarbetande, ödmjuk och indirekt uppvisar du antagligen ett lågt D-beteende.

Om du i en situation ser dig själv som optimistisk, inspirerande, övertalande, social och spontan, använder du ett högt I-beteende. Om du i samma situation istället upplever dig vara misstänksam, reflekterande, objektiv, tystlåten och planerande uppvisar du förmodligen ett lågt I-beteende.

Om du i en situation ser dig själv som tålmodig, stödjande, ihärdig, inkännande och rutinmässig, använder du ett högt S-beteende. Om du i samma situation istället upplever att du är rättfram, intensiv, utmanande, okänslig och dynamisk uppvisar du sannolikt ett lågt S-beteende.

Om du i en situation ser dig själv som perfektionistisk, analytisk, regelstyrd, avvaktande och konstruktiv, använder du ett högt C-beteende. Om du i samma situation istället upplever dig vara spontan, okonventionell, oberoende, impulsiv och ostrukturerad uppvisar du troligtvis ett lågt C-beteende.

Efter dessa korta beskrivningar och innan du tar dig an resterande del av detta kapitel, och boken i allmänhet, vill jag uppmana dig att följa sex viktiga antaganden. Dessa antaganden kommer att hjälpa dig att förstå och tillämpa teorin bakom DISC på ett förtjänstfullt sätt. Du kommer också få en djupare förståelse för ditt eget och andras unika beteendemönster, utan att behöva sätta en personlighetsetikett i pannan på dig själv och andra. Så låt oss därför konstatera följande:

Alla människor har D-, I-, S- och C-preferenser. Det är viktigt att inse att alla människor har inslag av de olika grundbeteendena. Över 95% av de som genomfört en DISC-analys upplever att de använder en kombination av två eller ibland tre av dessa beteenden i olika situationer. Boken ger dig verktyg för att förstå och tolka dessa grundläggande mönster, en DISC-analys ger dig en mer nyanserad bild av din unika kombination av föredragna preferenser.

DISC är inte till för att förändra din personlighet: DISC-modellen är inte utformad för att förändra vem du är som person. Den är snarare till för att hjälpa dig att identifiera och använda dina styrkor, samtidigt som du blir medveten om och hanterar dina svagheter. Genom att använda DISC kan du optimera ditt beteende och din kommunikation utan att förlora din autenticitet.

Beteende kan variera i intensitet utan att ändra typ: Ett beteende kan ha olika intensitet och ändå tillhöra samma typ av beteende. Till exempel kan en person med dominanta egenskaper uppvisa en högre eller lägre grad av dominans i olika situationer. Det ändrar inte ett grundläggande beteendemönster. En Volvo slutar inte att vara en Volvo bara för att en del av bilens elektronik har komponenter från en annan tillverkare.

DISC förespråkar inte en användning stereotyper: Det är viktigt att inte fastna i stereotyper när du använder DISC-modellen. Stereotyper begränsar vår förståelse och skapar generaliseringar som inte alltid är sanna. Istället bör du fokusera på att identifiera likheter och skillnader mellan människor, vilket kommer att öka din förståelse för både likheter och olikheter hos individer.

För enkla lösningar är sällan hjälpsamma: Det kan vara lockande att förenkla saker genom att kategorisera hela världen i endast fyra statiska beteendemönster. Tänk utanför boxen, människor ofta uppvisar en mix av flera. Var öppen för komplexitet och varierande nyanser av beteende hos individer.

DISC hjälper dig att bemöta andra människor: Det är viktigt att komma ihåg att DISC-modellen inte handlar om att försöka förändra andras beteenden. Istället ger modellen dig verktyg för att förstå hur människor kommunicerar på olika sätt. Genom att tillämpa denna förståelse kan du anpassa ditt eget sätt att kommunicera och bemöta andra på ett mer effektivt sätt.

You'll always miss 100% of the shots you don't take!
Wayne Gretzky

Eagles don't flock. You have to find them one at a time.
Ross Perot

It is hard enough to remember my opinions, without also re-membering my reasons for them!
Friedrich Nietzsche

When trials are greatest and all goes wrong, just buckle your armour and trudge along. The way that's weary, dark, and cold may lead to shelter within the fold. These trials were meant to make you strong, so buckle your armour and trudge along.
Okänd

D-beteendet

"Bit ihop och ta i nu."; *"Allt som inte dödar härdar.";* *"Säg som det är!";* *"Lös uppgiften!";* *"Det är bara att gilla läget.";* *"Led, följ eller håll dig ur vägen!";* *"Ensam är stark!"* är alla exempel på fraser som skulle kunna vara uttryckta av dig när ditt beteende karaktäriseras av den första av de fyra DISC-faktorerna, *D* (Dominerande beteende). Såsom alla faktorer är D-beteendet en kombination av olika karaktärsegenskaper. Starka sidor hos ett D-beteende är till exempel självständighet, motivation att lyckas och allmänt sett stor effektivitet.

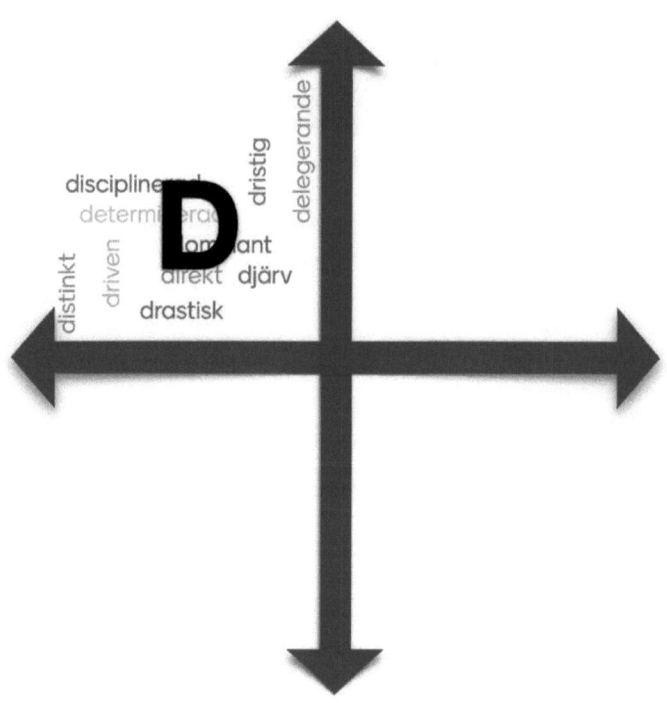

Primära egenskaper och kommunikationssätt

D-beteendet kan till viss del betecknas som en kontrollfaktor. När du uppvisar ett högt D-beteende fokuserar du på behovet att uppnå och upprätthålla ett visst mått av auktoritet och makt över andra, i synnerhet i den omgivning du befinner dig i. Konkurrens och ambition är begrepp som också förknippas med D-beteenden.

Med ett D-beteende strävar du efter att uppnå framgång på egna meriter utan att förvänta dig stöd eller fråga efter hjälp från din omgivning. Om en situation skulle uppstå där hjälp från andra är nödvändig, har du förmodligen en benägenhet att beordra dem istället för att be om ett samarbete. Du strävar efter att få din vilja igenom till varje pris. Du kämpar ofta tills du uppnått ett mål du haft, även om sannolikheten att nå målet är liten. Du tycks verkligen trivas med utmaningar och drar dig sällan ur en svår eller riskfylld situation. Att ta risker är mer en regel än ett undantag. Du tar strid för din åsikt, samt har svårt att erkänna ett nederlag.

Ofta är du mycket tydlig och rak i din kommunikation. Resultatet är det primära, vägen dit spelar mindre roll. Eftersom du saknar konflikträdsla så uttrycker du med lätthet din åsikt, även om du tror att den kan uppfattas som negativ av andra. Trots denna vilja att uttrycka dig är det sannolikt att du, om din åsikt inte kan förändra situationen till det bättre, håller tyst och istället agerar för att förändra situationen. Det är viktigt för dig att få saker att hända och helst ska de hända på en gång.

Motivationsfaktorer som förstärker ett D-beteende:

- utmanande uppgifter
- en omgivning som tillåter innovativt tänkande
- att få tävla mot andra
- kontroll över det egna arbetet
- att kunna ta egna beslut
- omväxlande och svåra uppdrag
- att ha bestämmanderätt

Information och perception

När du är i en lärandesituation har du en tendens att ta in och värdera information utifrån ditt interna perspektiv. Dina mål och behov särskiljer vad som är viktigt och intressant av det som presenteras. De slutsatser du drar är oftast snabba och tydligt kopplade till dina individuella resultatmål. Att få upptäcka saker själv, till exempel genom att själv aktivt experimentera och styra aktiviteter kan vara tilltalande och särskilt motiverande för dig.

Inlärning och informationsbearbetning för ett D-beteende:

- vill ta kontroll över sitt eget lärande
- utmanar sig själv att lära sig nya saker
- vill lära sig allt på en gång
- vill ta reda på vad som fungerar i praktiken
- blir omotiverad utan tävlan i lärandet
- agerar snabbt utan att reflektera över vad som ska läras in
- saknar intresse för teorin bakom det praktiska
- ignorerar insikt som riktar sig till känslor och självreflektion

Beslutsfattande

Med ett högt D-beteende tar du snabba beslut. Du gör det därför att du är säker på vad du kan och för att de bedömningar du gjort är de rätta. Du tar beslut oavsett hur svåra de kan tyckas vara. Risktagande är naturligt för dig och du är ofta villig att acceptera att alla beslut som tas inte blir optimala. Du har troligtvis en inställning att det är bättre att ta ett dåligt beslut än inget beslut alls. Denna handlingskraft kan vara bra i många situationer, särskilt om det är obekväma beslut som ska tas. Trots detta kan du behöva utveckla lite mer tålamod för att inte fatta alltför många oaktsamma beslut. Ibland kan din resultatinriktning bli för stark och överskugga ditt beslutsfattande. Med lite mer tålamod kan du minska risken för felaktiga beslut, grundade på för snabba slutsatser utan reell analys.

Ett bekvämt sätt att ta beslut för ett D-beteende:

- att vara resultatfokuserad
- att själv få bestämma
- att veta att beslutet kan omsättas i handling, helst direkt

Problemlösning

Att få lösa problem själv är något av en grundläggande driv-kraft hos dig när du har ett högt D-beteende. På grund av din starka vilja och resultatfokus finner du ofta själv lösningar på problem utan hjälp av andra. Lösningarna är tydligt pragmatiska och är aldrig eller mycket sällan av teoretisk karaktär. Du vet vad som ska göras och sätter sedan igång att arbeta mot en lösning.

En svaghet med detta angreppssätt är att lösningarna tenderar att bli entydiga för dig själv. Istället för att diskutera, finner du det enklare att själv lösa situationen. Samarbete med andra skulle kunna utveckla din problemlösningsförmåga genom att ge dig fler perspektiv på problemet. Med fler perspektiv ökar chansen för en optimal problemlösning.

D-beteendets naturliga sätt att lösa problem:

- snabbt själv övervinna problemet och eventuella hinder
- ha det önskade resultatet i sikte
- tänja på gränser och använda alla tänkbara hjälpmedel för att lösa problemet

Primär fokus i grupp

I gruppaktiviteter tillhör du förmodligen den skara av männi-skor som fokuserar på att få jobbet gjort. Att eliminera eller ta sig förbi problem är dina starka sidor. Inte sällan är det du som är initiativtagaren till att få saker och ting att hända, ibland genom att forcera andra att tänja på gränser och prova nya djärva grepp. Risktagandet ökar drastiskt i en grupp som leds av en person med ett högt D-beteende eller innehåller många medlemmar med D-beteenden.

D-beteendets uppvisade styrkor i en grupp:

- ledande och prestationsinriktad
- den som ingjuter självförtroende i gruppen
- innovativ och utmanande
- villig att ta risker
- snabb och resultatfokuserad
- en stark genomförare

Det egna värdet

Upplever du att du åstadkommit något bra, fått resultat, fått den position eller uppgift du velat ha, värderar du dig antagligen högt med ett D-beteende. Auktoritet i form av utnämningar och dylikt är också ett säkert tecken på att du är framgångsrik, vilket är viktigt för dig när du värderar dig själv.

D-beteendets syn på det egna värdet:

- mäts genom auktoritet eller position
- de mätbara resultat som uppnåtts

"Att ha många bollar i luften"

För ett högt D-beteende har metaforen att "ha många bollar i luften" en speciell innebörd. Inställningen skulle kunna beskrivas enligt följande:

"Alla bollar ska kastas upp och alla ska tas ned. Det viktigaste är inte hur de kastas upp eller tas ned, bara att de kommer upp och tas ned som jag vill. Om jag så måste tänja på gränserna, så lovar jag att uppgiften kommer att fullföljas. Varenda boll kommer att kastas upp och tas ned precis som jag tänkt. Vill du inte vara med på det, hitta några andra bollar att kasta upp!"

You only live once – but if you work it right, once is enough!
Joe E. Lewis

Sometimes, something worth doing is worth overdoing.
David Letterman

There are no strangers in my life, only friends I haven't met yet!
Okänd

Act positively and become positive. Act enthusiastically and become enthusiastic. Act happy and become happy. Act confidently and become self-confident. Attain any desired attitude by acting the attitude. Just go through the motions.
Sefer HaChinuch

I-beteendet

"Det löser sig!"; "Tjena hej! Hur är läget?"; "Det finns bara möjligheter. "; "Häng med, det blir skoj!"; "Hör ni, nu ska ni få höra ..."; "Kul att se dig igen, allt lugnt?"; "Jag fixar det – inga problem." är uttalanden som skulle kunna vara sagda av dig när du exponerar den andra av de fyra DISC-faktorerna (Influerande beteende). En person som uppvisar ett högt I-beteende kommunicerar lätt och ledigt med andra samt värdesätter såväl kontakt med andra människor som utvecklandet av positiva relationer. I-beteendets starka sidor är bland annat social självsäkerhet och förmågan att positivt påverka andra människor.

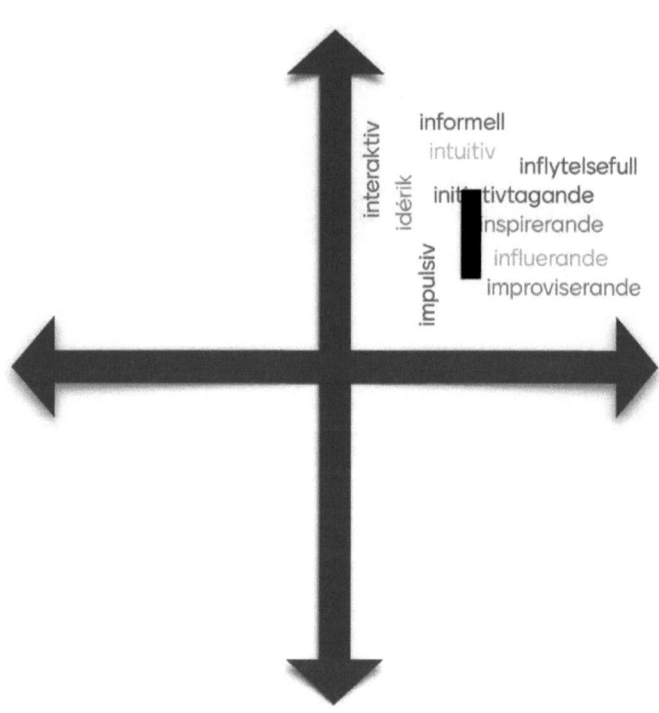

Primära egenskaper och kommunikationssätt

När du använder ett I-beteende är du ofta mycket bra på att skapa relationer till andra människor. Du visar en öppenhet och du upplevs som trygg i din egen sociala förmåga. Du har förmodligen lätt för att anpassa dig till nya situationer. Detta gör att du på ett enkelt sätt kan samarbeta med andra i nästan vilket sammanhang som helst. En viktig förutsättning är dock att du får vara i centrum och påverka andra. Det är inte helt ovanligt att du på ett flexibelt sätt driver din egen ståndpunkt tills du får igenom den. Samtidigt har du även en intuitiv förmåga att förstå andras perspektiv, även om du inte alltid utnyttjar den.

Du motiveras av goda relationer till andra och framförallt behöver du känna dig bekräftad av din omgivning. Du tar säkert illa vid dig om du upplever dig avvisad eller inte känner dig omtyckt. Uppmuntran och beröm är därför också grundläggande drivkrafter när du uppvisar detta beteendemönster.

Troligtvis kan du ibland tänja på gränserna rejält för att få bekräftelse från andra. Detta innebär till exempel att du gärna undviker konfrontationer och istället försöker prata dig ur dem på ett mer lättsamt sätt för att bibehålla en god relation. Särskilt viktiga är dessa drivkrafter tillsammans med dina närmsta vänner. Du upplever sällan att det finns problem, i alla fall "olösliga" problem, och du fokuserar oftast på möjligheter istället för hinder. Med denna optimistiska approach tenderar du att hantera både människor och uppgifter.

Motivationsfaktorer som förstärker ett I-beteende:

- accept för nya idéer
- positiv uppmärksamhet från andra
- tid för roliga aktiviteter som inte alltid är arbetsrelaterade
- en frihet att göra saker och ting på ett kreativt sätt
- att få delta i nya och spännande projekt
- ett arbete tillsammans med många olika människor
- att få vara i centrum

Information och perception

I en lärandesituation har du behov av att bearbeta informationen genom att prata och diskutera med andra. Dina slutsatser drar du oftast genom att delge andra din syn på saken. Genom att kommunicera och värdera den information som en diskussion ger, finner du ofta svar på de eventuella frågor du har. Du tilltalas ofta av att konkret uppleva situationer, kanske genom rollspel eller andra känslomässiga aktiviteter.

Inlärning och informationsbearbetning för ett I-beteende:

* få upptäcka nya och "äventyrliga" aktiviteter
* få delta tillsammans med andra entusiastiska deltagare
* lära genom informella kommunikativa metoder
* ha en flexibel struktur med många olika aktiviteter
* har svårt för "vanlig klassrumsundervisning"
* tycker att teoretisk inlärning är svårt och tråkigt
* stimuleras av att lära ut saker till andra utifrån en central position
* kan vara för energisk och missar grundläggande delar i förståelsen omkring det som ska läras in

Beslutsfattande

Med ett I-beteende tar du ofta beslut baserade på din intuition. Du tar dina beslut med hänsyn till vilken respons du får av andra och kan ta impulsiva och ibland ogenomtänkta beslut, särskilt om det är något som direkt tilltalar dig. Många gånger föredrar du att "tänka högt" och diskutera med andra innan du tar ett beslut. Du försöker ofta ta ett beslut som kan gynna dig och samtidigt vara populärt bland andra. Drivkraften att vara omtyckt av andra kan vara bra i många situationer, särskilt när det gäller att få med sig andra i sina beslut. Trots detta kan du, med ett I-beteenden, behöva utveckla lite mer kurage och ibland våga ta beslut som inte alltid är populära.

Ett bekvämt sätt att ta beslut för ett I-beteende:

* fokusera på den subjektiva upplevelsen
* se till att alla blir nöjda
* använda intuition

Problemlösning

Med hjälp av god intuition, positiv energi och smittande entusiasm kan du hjälpa andra att lösa många invecklade problem. Men du vill gärna undvika konflikter och ibland kanske du hellre backar tillbaka ett steg för att inte hamna i en konflikt, särskilt när många människor i en grupp är problemfokuserade.

I-beteendets naturliga sätt att lösa problem:

- så smidigt som möjligt ta sig förbi problemet
- vara kreativ och fokusera på möjligheterna istället för hindren
- ta hjälp av andra när det gäller detaljer men själv styra den övergripande processen

Primär fokus i grupp

Eftersom du är öppen och influerande är det förmodligen så att människor tyr sig till dig och gärna frågar dig om hjälp. Du tillför ofta energi till gruppen med hjälp av din entusiasm och dina idéer. Inte sällan hamnar du i situationer där du sammanfogar människor för att arbeta tillsammans. När gruppen ser problematiken ser du möjligheterna och lättar upp stämningen med både skämt och uppslag. Det är troligtvis du som har visionära tankar som sporrar gruppen att nå sina mål.

I-beteendets uppvisade styrkor i en grupp:

- öppen och positiv mot andra
- motiverar och berömmer andra
- den som lättar upp stämningen
- energigivande
- influerande och smidigt styrande
- kreativ och visionär

① Det egna värdet

Du tenderar att mäta ditt eget värde genom den feedback du får av andra. När andra människor talar om att de uppskattar dig som person eller om du känner dig accepterad och omtyckt värdesätter du sig själv som högst. Du värderar dig också högt när du känner att det du säger påverkar andra och du får vara i centrum för uppmärksamheten.

I-beteendets syn på det egna värdet:

- det beröm du får av andra
- din upplevda popularitet bland andra

"Att ha många bollar i luften"

För ett högt I-beteende har metaforen att "ha många bollar i luften" en speciell innebörd. Inställningen skulle kunna beskrivas enligt följande:

"De här bollarna ser spännande ut, vi kastar upp dem. Oj, vad många bollar det blev. Hur många var det nu egentligen? Nåja det viktigaste är inte att vi tar ned allihop på en gång. Vi löser resten när vi har tid. Häng med nu allihop, det kommer att bli kul. Ni kan väl börja ta hand om de där bollarna, så kommer jag förbi när jag fixat de här bollarna tillsammans med några andra. Vänta nu ... ojdå ... här låg det ju fler intressanta bollar ..."

Friends are those rare people who ask how we are and then wait to hear the answer.
Ed Cunningham

The best thing about the future is that it comes only one day at a time.
Abraham Lincoln

It is nice to be important, but it is more important to be nice.
Okänd

They want to know that you care before they care about what you know.
Terry Orlick

S-beteendet

"Är alla bekväma med beslutet?"; "Kan vi tänka oss att ...?"; "Det är nog bäst att vi gör som vi planerat, ändra inget."; "Berätta vad som hänt."; "Ta det du, jag hjälper gärna dig i bakgrunden."; "Hur har vi gjort tidigare?"; "Nej jag behöver ingen hjälp, jag ordnar det." är uttalanden som skulle kunna vara sagda av dig när du använder den tredje av de fyra DISC-faktorerna *S* (Stabiliserande beteende). En person som uppvisar ett högt S-beteende frågar mer än den pratar, är mycket fokuserad på samarbete och processer. S-beteendets starka sidor är bland annat att vara följsam, planerande och känna av klimatet i en grupp.

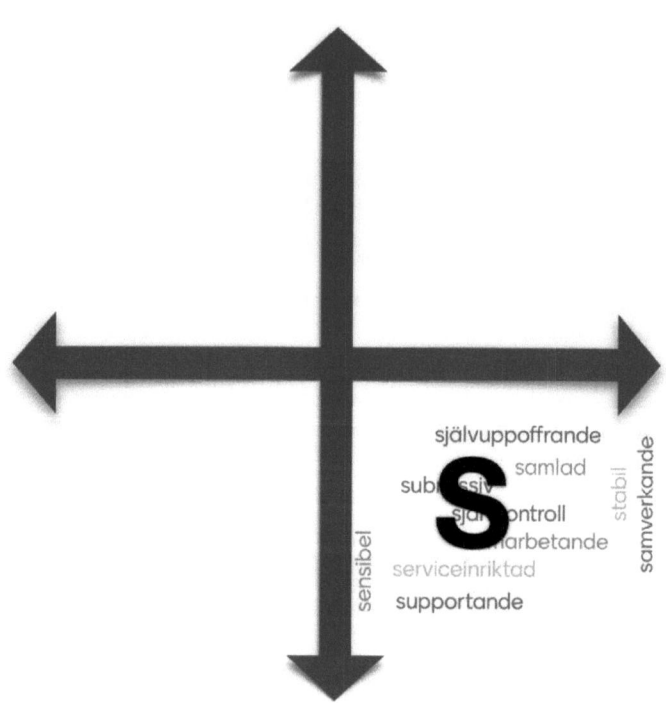

Primära egenskaper och kommunikationssätt

När du använder ett högt S-beteende försöker du bibehålla stabila och lugna relationer med andra. Du uppträder lugnt och anspråkslöst och visar ofta stor förståelse för andra. Att visa lojalitet och tålmodighet mot din omgivning är viktigt. Med ett äkta intresse för andras problem och känslor, blir du en god lagspelare och antar ofta någon slags stödfunktion i en grupp.

Du är sannolikt uthållig och har en koncentrationsförmåga som gör dig till en riktig arbetshäst. Med en stark fokusering på att vara lojal och stabil kan du säkert komma på dig själv att outtröttligt arbeta med en uppgift tills den är fullbordad. Du försöker ideligen planera för att behålla en stabilitet i din omgivning och känner ofta en olust inför snabba förändringar, speciellt om du själv inte fått vara delaktig i processen.

Du har ett återhållsamt kommunikationssätt och arbetar bäst utifrån klara och entydiga direktiv kombinerat med stöd och uppmuntran. Du försöker om möjligt att undvika konflikter och konfrontationer. Vid en konflikt tar du inte sällan på dig rollen som "fredsmäklare". Men oftast när konflikten redan uppstått och de inblandade lugnat ned sig och du kan prata med var och en för sig själv.

Motivationsfaktorer som förstärker ett S-beteende:

- personlig uppskattning som person
- rutinmässiga miljöer
- uppskattning för lojalitet och flitigt arbete
- möjligheter att få vara stödjande för andra
- att få ha tydliga och planerade aktiviteter
- trygga och stabila arbetsförhållanden
- ärlighet och vänlighet från andra

Information och perception

I en lärandesituation, har du behov av att i lugnt tempo ta del av information innan den ska bearbetas. Du vill ha utförlig information och gärna uppdelad i steg för steg. Dina slutsatser drar du oftast genom att jämföra för- och nackdelar utifrån den information du fått. Hjälp och stöd av andra är viktigt för dig, särskilt när du ska göra något praktiskt. För att känna dig trygg i situationen ser du gärna på när någon annan först genomför det du ska göra.

Inlärning och informationsbearbetning för ett S-beteende:

- arbeta tillsammans med andra för att lära
- känna en trygghet i det pedagogiska upplägget
- få lyssna till andras sätt att se på saker
- ha möjlighet att koppla informationen till mänskliga faktorer
- kan ägna för mycket tid till att tänka utan att handla
- fokuserar mycket på både egna och andras känslor
- kan bli envist fasthållande vid det gamla vid inlärning av nya saker
- vill höra saker från andra för att själv kunna ta ställning

Beslutsfattande

Du tar beslut baserade på rutiner och tidigare erfarenheter. Kriterierna som rättfärdigar dina beslut bygger på hänsyn till andra och hur besluten kan påverka deras situation. Besluten tas ofta på trygga grunder och är aldrig impulsiva eller ogenomtänkta. Att vara rättvis mot alla är en stark drivkraft och ibland kan du till och med avstå från att ta beslut och låta andra ta dem åt dig, bara för att inte verka besvärlig eller orättvis. Denna approach ger dig ofta den effekt du vill ha, att inte verka besvärlig och vara rättvis, men kan leda till att du gör våld på vad du själv egentligen vill eller behöver göra.

Ett bekvämt sätt att ta beslut för ett S-beteende:

- att diskutera med andra
- att basera dem på tidigare rutiner och erfarenheter
- att vara hänsynstagande gentemot andra

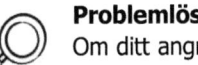

Problemlösning

Om ditt angreppssätt för att hantera problem baserar sig på akronymen TEAM (Together Everyone Accomplish More), har du sannolikt ett högt S-beteende. För att lösa problem tar du gärna hjälp av andras åsikter för att komma fram till en lösning. Du ställer sannolikt fler frågor omkring problemet än vad du ger svar, i synnerhet när du samlar in information om utgångsläget. Det är viktigt för dig att få veta allt om hela situationen. Helhetsbilden ska dock gärna vara uppdelad i delar så att du förstår hur situationen har uppkommit grundat på den process som lett fram till problemet. Eftersom du inte finner det särskilt viktigt att ta plats och synas, är sannolikheten stor att du låter andra presentera den problemlösning som du själv eller med hjälp av andra arbetat fram.

S-beteendets naturliga sätt att lösa problem:

- systematiskt bearbeta del för del av problemet
- fokusera på bästa problemlösningen med hänsyn till andra
- vara delaktig men inte drivande

Primär fokus i grupp

Du är många gånger en viktig kugge i en grupp eftersom du hjälper till att ta fram det bästa hos andra på ett vänligt och metodiskt sätt. Du hjälper gärna till och känner snabbt av klimatet i en grupp. Din primära fokus är inte att gå i bräschen och bestämma, utan snarare att skapa stabilitet. När gruppen fastnar i problematik har du säkert redan funderat på hur du kan bidra till att gruppen kommer vidare. Genom att skapa strategier och trygghet i en grupp bidrar du troligtvis till en behaglig stämning i gruppen.

S-beteendets uppvisade styrkor i en grupp:

- fokuserad på gruppens dynamik
- tålmodig gentemot andra
- mottaglig för andras behov och känslor
- lojal mot både människor och arbetsuppgifter
- osjälvisk och kompromissar för allas bästa
- en riktig lagspelare som stödjer andra

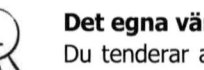

Det egna värdet

Du tenderar att mäta ditt eget värde genom hur andra uttrycker tacksamhet för den support och hjälp du bistått med. När andra bryr sig om dig och ser dig för den person du är, ser du dig själv som en värdefull människa. Du värderar dig själv som högst när du lojalt genomfört dina uppgifter som det förväntats av dig och samtidigt varit en god medmänniska som ställt upp för andra i din omgivning.

S-beteendets syn på det egna värdet:

- hur bra relationerna till andra är
- hur väl andra värdesätter den uppvisade lojaliteten

"Att ha många bollar i luften"

För ett högt S-beteende har metaforen att "ha många bollar i luften" en speciell innebörd. Inställningen skulle kunna beskrivas enligt följande:

"Vi tar bollen vi kastade upp förra året eller vad tycker ni? Då vet vi ju att vi kan ta ned den och på vilket sätt vi bäst gör det. Låt oss åtminstone ta bara en boll i taget och se till att vi får ned dem en och en. Hellre en boll som blir som vi tänkt oss än flera bollar som blir halvt nedtagna, tycker ni inte?"

To build may have to be the slow and laborious task of years. To destroy can be the thoughtless act of a single day.
Sir Winston Churchill

Always do right. This will gratify some people and astonish the rest.
Mark Twain

Sceptical scrutiny is the means, in both science and religion, by which deep insight can be winnowed from deep nonsense.
Dr. Carl Sagan

Good manners will open doors that the best education cannot.
Clarence Thomas

C-beteendet

"Jag föredrar att det görs rätt på en gång. "; "Det går inte att genomföra för vi inte känner till alla variabler. "; "För det första behöver vi ... för det andra så ..."; "Jag vill veta mer om detta, var kan jag få mer information. "; Det är viktigt att vi tänker igenom detta grundligt"; "Social aktivitet utan syfte – måste vi delta i den?"; "Nu har vi strategier för alla eventuella hinder som kan dyka upp, nu kan vi påbörja det operativa arbetet" är uttalanden som skulle kunna vara sagda av dig när du använder den fjärde av de fyra DISC-faktorerna C (Konstruktivitetssökande beteende). En person som uppvisar ett högt C-beteende ifrågasätter mycket av det som sägs, mestadels på grund av drivkraften att göra allt med kvalitet och noggrannhet. Styrkorna i ett C-beteende ligger just på dessa aspekter och därför ser man också ofta personer med höga C-beteenden som granskar och utvecklar strategier som sedan ska omsättas i handling.

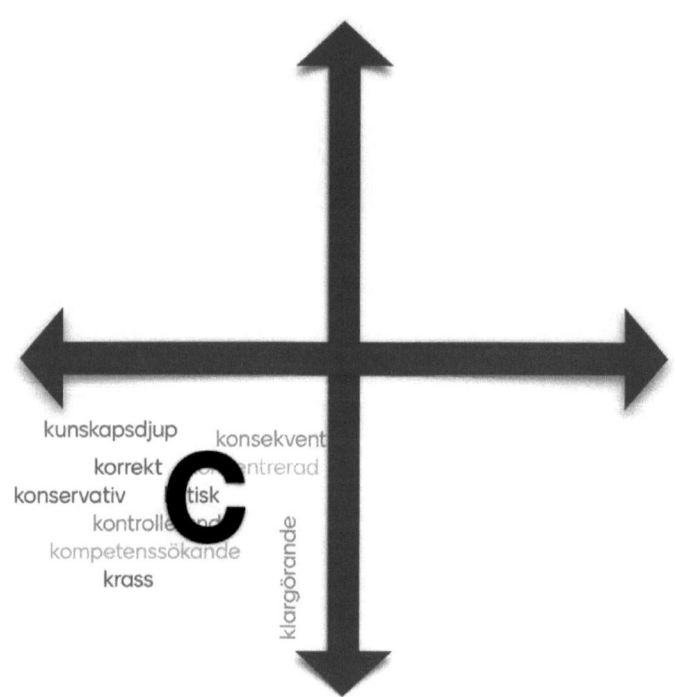

Primära egenskaper och kommunikationssätt

När du använder ditt C-beteende tenderar du att vara regelorienterad. Med det menas att du många gånger fokuserar på att göra det du ska göra "by the book". Detta är emellertid endast en del av sanningen. C-beteendet representerar en betydligt mer komplicerad sida av ditt beteende än bara regelorientering. Ursprunget till denna komplexitet är en kombination av att å ena sidan vara kritiskt granskande och å andra sidan vara tillmötesgående av regler och normer. Med ett C-beteende har du ett behov av att vara noggrann och exakt i det du gör. Du har vanligtvis personliga normer för hur du och andra ska uppträda och betraktar ofta etikett och tradition som något betydelsefullt. Vanligtvis syns och hörs du inte så mycket tillsammans med andra, utan agerar mer tillbakadraget, såvida du inte blir tilltalad av någon annan. När någon öppnar upp samtalet så kan du också bli talför. Du blir dock sällan speciellt pratsam på ett personlig plan, men diskuterar gärna arbetsmässiga frågor eller sådant som genuint intresserar dig.

Likt ett D-beteende vill du också ha kontroll. Skillnaden ligger dock på sättet att kontrollera. Med en större tillmötesgående attityd försöker du uppnå indirekt kontroll genom struktur och rutiner. Du insisterar på att följa regler och definierade normer för att uppnå mål. Ibland blir du undvikande när du konfronteras med svårigheter som överstiger det du bedömer vara möjligt. På grund av ett inneboende intresse för fakta och detaljer, vill du vanligtvis också gå till grunden i olika frågor.

Motivationsfaktorer som förstärker ett C-beteende:

- möjligheter att få bevisa vad som är rätt
- arbetssätt som minimerar risker
- tydliga riktlinjer och ramar
- faktafokuserade omgivningar
- tid för djupa analyser
- tid att dubbelkolla information och uppgifter
- uppmuntran för kvalitet och noggrannhet

53

 Information och perception

I en lärsituation har du behov av systematisk inlärning. Du lägger stor tonvikt på analys, logik och reflektion. Du vill ha belägg för det som presenteras, helst genom tillförlitlig fakta som stödjer praktiska metoder. Det är vanligt att du kopplar ihop ny information med redan befintliga modeller och strategier som du tidigare lärt dig. För dig är det viktigt att få all information, finns den inte tillgänglig vill du veta var den finns. Individuell inlärning och problemlösning är dina starkaste drivkrafter. Lärsituationer tillsammans med andra kan vara negativt eftersom du inte får tillräckligt med tid för reflektion. Känslofyllda aktiviteter och rollspel ger dig troligen kalla kårar.

Inlärning och informationsbearbetning för ett C-beteende:

- önskar tydliga strukturer och genomtänkta utbildningar
- vill ha en logisk följd i det som presenteras
- framställningen ska vara analytisk
- genomgångarna är noggranna och detaljerade
- har svårt att lära sig i informella och ostrukturerade sammanhang
- "grottar" ned sig för mycket i detaljer och missar budskapet
- överanalyserar informationen om den inte är tydlig
- blir frustrerad när andra är oorganiserade och för generella

Beslutsfattande

Du tar dina beslut baserade på noggrann analys av alla inblandade variabler. Att kunna ta ett beslut på känsla finns inte i din vokabulär. Varje beslut måste tänkas igenom noggrant innan du går till handling. En stor drivkraft bakom denna försiktighet är en vilja att ta rätt beslut. Det ger ofta genomtänkta beslut, men kan leda till att du också blir tveksam inför ett beslut. Tveksamheten har sin uppenbara grund i din rädsla att fatta ett förhastat beslut, vilket ibland gör att beslutsprocessen blir mer långsam än nödvändigt.

Ett bekvämt sätt att ta beslut för ett C-beteende:

- noggrant analysera helhetsbilden först
- ha en klar strategi för hur ett beslut ska tas
- basera beslut på fakta och logik

Problemlösning

Du är sannolikt mycket duktig på att uppmärksamma befintliga problem och brister samt analysera eventuellt kommande problem. Problemlösningen sker genom att arbeta fram strategier grundade på dina noggranna analyser. Genom skarpa och genomtänkta strategier arbetar du systematiskt för att övervinna de problem du stöter på. Om du bara har givna ramar för det du ska göra, arbetar du gärna själv för att komma fram till en lösning. Att involvera andra i arbetet kan störa dig då du redan tänkt ut "den rätta" och "bästa" lösningen.

C-beteendets naturliga sätt att lösa problem:

- grundligt utforska varför problemet uppstått
- lägga upp en tydlig strategi innan man aktivt löser problemet
- minimera risken för att misslyckas med att lösa problemet

Primär fokus i grupp

Tillsammans med andra bidrar du genom att vara noggrann och tydligt medveten om både regler och normer för de arbetsuppgifter som ska genomföras. Du väljer troligtvis att se saker och ting så objektivt som möjligt och ur flera perspektiv innan du genomför något. Det bidrar också till att de uppgifter du genomför görs på korrekta grunder. Både ditt ifrågasättande och din vilja att hjälpa till med att precisera syfte och strategier bidrar till att gruppens arbete håller hög kvalitet. Eftersom du gärna kontrollerar gruppens process och resultat på ett indirekt sätt, för du ofta fram värdefulla åsikter på ett diplomatiskt sätt.

C-beteendets uppvisade styrkor i en grupp:

- analyserande
- precis och korrekt
- kvalitetsinriktad
- genomtänkt
- fokuserad på de givna instruktionerna
- diplomatiskt ifrågasättande

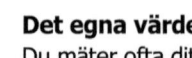

Det egna värdet

Du mäter ofta ditt eget värde genom att få bekräftelse på att du gör rätt och håller hög kvalitet i det du gör. När andra berömmer dig för det genomtänkta arbete du gjort ser du dig själv som en värdefull person. Du värderar dig själv som högst när du genomfört dina uppgifter med precision och efter givna regler.

C-beteendets syn på det egna värdet:

* hur väl det egna arbetet följer uppsatta kriterier
* andras beröm av den kvalitet arbetet håller

"Att ha många bollar i luften"

För ett högt C-beteende har metaforen att "ha många bollar i luften" en speciell innebörd. Inställningen skulle kunna beskrivas enligt följande:

"Där ligger det en boll, men låt oss fundera på om vi ska ta upp den eller inte. Det kanske finns en annan boll som är viktigare att ta upp. Vad är syftet med att ta upp just den bollen egentligen? Det får vi reda ut först innan vi tar upp någon boll. Det kanske till och med är så att vi bör ta upp fler än en boll om vi ska få detta att fungera. Hur hänger de ihop egentligen? Låt oss ta och undersöka bollarna och därmed ta reda på vad som är rätt i denna situation."

Hur är du och hur ser andra på dig?

Efter att ha läst beskrivningarna av de fyra grundbeteendena har du säkert känt igen dig själv i mångt och mycket. Kanske är du inte lika klar över hur du skulle kategorisera dig fullt ut, även om den skattning du gjorde i första kapitlet indikerar på en eller ett par av de beskrivna stilarna. Det finns dessutom två faktorer till som spelar in när vi exponerar beteenden och kommunicerar:

- Intensiteten, styrkan av beteendemönstret som uppvisas
- Förhållandet mellan de olika beteendemönstren som uppvisas

Om vi jämför DISC med en färgpalett så kan vi konstatera att det finns grundfärger såsom blå, gul, grön och röd. Men färgen blå är inte bara blå utan kan vara kornblå, mörkblå eller någon annan blå nyans. Trots det så kan vi ofta ändå avgöra att färgen är blå. På samma sätt kan exempelvis ett D-, I-, S- eller C-beteende ha olika nyanser. Färger kan också i kombinationer med varandra anta olika nyanser och på samma sätt uppvisar de flesta av oss ett eller ett par beteendemönster i en given situation.

I kapitel sju kan du läsa om några vanliga kombinationer av beteendemönster, samt hur de kan ta sig i uttryck. Kom dock ihåg att de beskrivna kombinationerna i denna bok är förenklingar. Ett validerat DISC-instrument ger dig betydligt mer nyanserad information om ditt sätt att kommunicera och agera.

Kort reflektion:

1. Vad är din naturliga approach i ditt yrkesliv och vilket eller vilka beteenden använder du mest?

2. Vilket eller vilka beteenden skulle du kunna ta fram mer av i din yrkesroll och vilken effekt skulle det kunna ha?

3. När styrkor blir svagheter

En inte helt ovanlig föreställning är att våra svagheter ställer till trassel för oss när vi kommunicerar och samverkar med andra. Men om du tänker efter, är det ofta inte våra svagheter utan snarare våra styrkor, använda på fel sätt, som ställer till det. När vi saknar en förmåga eller har en brist, ser vi ofta till att lära oss det vi behöver. Men eftersom vi sällan inser att det är våra styrkor som används fel, tenderar vi att skylla på våra brister istället för att reflektera över hur vi överutnyttjar våra styrkor.

Alla fyra grundbeteenden i DISC har sina styrkor. Att bli medveten om dessa styrkor ger oss insikt i hur de också kan bli vår akilleshäl när de överdrivs. Tänk på dina styrkor som ett musikinstrument – när du spelar i rätt takt och ton blir det en vacker melodi, men om du spelar för högt eller för intensivt, förvandlas harmonin snabbt till ett oljud. På samma sätt, när vi överexponerar våra styrkor, blir resultatet ofta något helt annat än vad vi önskat.

De flesta av oss blir smärtsamt medvetna om dessa "oljud" när vi hamnar i stressiga eller pressade situationer. För att kunna vara ditt bästa jag, oavsett vilka naturliga beteendemönster du har, behöver du förstå dina "skuggsidor" – vad som händer när du överdriver eller använder dina styrkor felaktigt. Det första steget för att förhindra att dina styrkor blir dina svagheter är att känna till vilka de är. I detta kapitel kommer du att få lära dig om "medaljens baksida", eller skuggsidan av varje beteende, och hur du kan uppmärksamma när dina naturliga mönster riskerar att bli din nackdel.

Var vaksam på D-beteendets baksida

Om du vet att du tenderar att använda ett D-beteende vet du också att du ofta agerar snabbt och resultatinriktat. I många situationer och framförallt rätt använt är ditt beteende ett alldeles utmärkt och effektivt verktyg för att åstadkomma det du vill. Men ibland kan det bli ditt största hinder för att nå dina mål.

Primär rädsla

Ett högt D-beteendes primära rädsla är att mista kontrollen och bli utnyttjad i en situation. När du medvetet eller undermedvetet drivs av den rädslan blir du obekväm i att låta någon annan bestämma. Detta kan leda till att du hamnar i en maktkamp eller får svårt att lita på andra. Oavsett vilken position du befinner dig i, är det viktigt att du utmanar din rädsla. Det innebär att göra tvärtemot vad din känsla säger dig. Det är obekvämt, men det kan utveckla dig enormt mycket. Ibland måste du kanske släppa på din kontroll för att få andra att växa med uppgiften.

Beteende under stress och hård press

I situationer där du upplever stress är det större risk att du uppvisar dina mindre produktiva egenskaper. Dina styrkor blir dina svagheter. Trots att du med ett D-beteende förmodligen är synnerligen stresstålig, kan du säkert känna igen att du har vissa egenskaper som inte gynnar dig särskilt mycket. I stället för att vara handlingskraftig och direkt förvandlas dessa styrkor till beteenden som innebär att du kör över andra och blir befallande.

Blir du tillräckligt hårt pressad, och känner att du inte får ditt primära behov att ha kontroll tillfredsställt, resignerar du och lämnar situationen i affekt. Kanske har du någon gång befunnit dig i en konfliktsituation där du haft ett högt D-beteende. I början av konflikten har du säkert utnyttjat dina styrkor för att få din vilja igenom. Ju längre konflikten pågått desto större sannolikhet är det att ditt beteende bara förvärrat konflikten. Till slut har det kanske gått så långt att du till och med gett upp och lämnat situationen.

Ett D-beteendes slutliga försvar ligger i att lämna situationen. Detta beror på att du gjort bedömningen att ditt primära motiv, att ha kontroll över situationen, inte kommer att uppfyllas oavsett vad du gör. Ett D-beteendes stresskontinuum ser vanligtvis ut som i den efterföljande modellen.

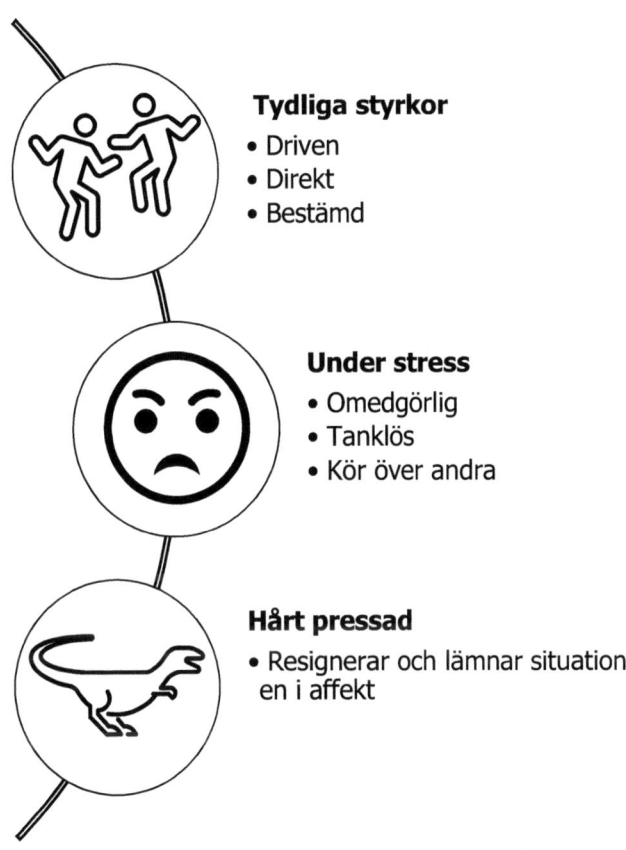

Tydliga styrkor
- Driven
- Direkt
- Bestämd

Under stress
- Omedgörlig
- Tanklös
- Kör över andra

Hårt pressad
- Resignerar och lämnar situationen i affekt

När du överexponerar ditt D-beteende

Med ditt D-beteende är du troligtvis snabb i tanken, resultatinriktad och drivande. I processen att uppnå dina mål kan du tendera att bli både hänsynslös och egocentrerad. Du kan bli för intensiv och rättfram mot andra, vilket i sin tur endast skapar fler hinder i din strävan mot att nå dina mål. När du endast vill komma fram till resultat så snabbt som möjligt kan du paradoxalt nog själv sätta de största käpparna i hjulen.

Genom att börja uppmärksamma andras reaktioner på ditt beteende kan du förändra dig själv istället för att försöka förändra andra. Studera följande beskrivningar och fundera över vad du kan känna igen hos dig själv, samt vad du kan göra för att inte hamna i dessa negativa beteenden.

Tävlingsinriktad kan bli hänsynslös

Med ett högt D-beteende älskar du att göra allt till en tävling som går att vinna. Tävlan är en naturlig motivationsstrategi för dig att bli ännu bättre på det du gör. Under stabila förhållanden kommer den tävlingsinriktade andan att driva dig mot nya mål och utmaningar. Tyvärr kan tävlingsinriktningen övergå till hänsynslöshet och då finns det en stor risk att du skadar och sårar andra i din strävan att uppnå dina mål. Ofta märker du inte detta och är omedveten om att du i det långa loppet också skadar dig själv. Välj dina strider och fundera på om alla situationer verkligen behöver vara en tävling.

Självständig kan bli egoistisk

Med ett högt D-beteende litar du på och bryr dig först och främst om dig själv. Det är givetvis en styrka att vara självständig och lita på det man gör, men när du utmanar andra att vara på samma sätt kan du bli egoistisk. Det är viktigt, oavsett hur framgångsrik och drivande du är, att komma ihåg en enkel men värdefull regel; *med hjälp av andra, kan du åstadkomma ännu bättre resultat.*

Direkt kan bli plump

Under stabila förhållanden fungerar det ofta bra att vara snabb och direkt. Inte sällan blir du uppskattad för dina snabba svar, din handlingskraft och dina omedelbara lösningar. I känsliga situationer kan människor emellertid uppfatta dig som taktlös. Framförallt eftersom du sällan bekräftar deras känslor, utan istället kraftfullt konfronterar sakfrågan. Detta kan ge ett intryck av att vara okänslig. I den numer klassiska TV-serien "House" uppvisar huvudkaraktären, en läkare, många gånger ett högt D-beteende. I ett avsnitt vill han att en man, som just fått reda på att hans fru avlidit, ska donera sin frus hjärta till en annan patient och säger kort och känslokallt: *Jag beklagar att din fru dött, men jag behöver hennes hjärta!* Detta är ett exempel på när direkt kan bli plump, en avskalad kommunikation med fokus på sakfrågan och inget mer. Och visst, ibland finns det inte tid, men kom ihåg att lyssna mer på människors verkliga behov. Ge dig själv lite tid att känna in mer än bara sak och uppgift. Du vinner förmodligen mer på det än om du låter bli.

Självsäker kan bli arrogant

Med ett högt D-beteende har du för det mesta en stark övertygelse om att du kan övervinna alla hinder och problem. Detta självsäkra sätt både driver och får dig ofta att framgångsrikt nå dina uppsatta mål. Men självsäkerheten och framgångens baksida kan resultera i att du blir arrogant. När du omedelbart tycker dig ha alla svar finns det en risk att du också kommunicerar ut just det till andra. Inte sällan kan du märka hur människor börjar undvika dig på grund av just detta. Var vaksam på att din självsäkerhet inte blir för stor. Var ödmjuk, lyssna och värdera dina egna svar, kanske har du inte alltid de rätta svaren.

Bestämd kan bli omedgörlig

När du använder ditt höga D-beteende har du för det mesta ett tydligt mål med det du gör. Du är handlingskraftig och använder en strategi för att uppnå något så snabbt som möjligt. Ofta, om inte alltid, är du helt övertygad om att din strategi kommer att fungera. När du är så bestämd finns det också en risk att du bli omedgörlig. "It's my way or the highway!" Tyvärr forcerar du ibland (antagligen utan att du ens tänker på det) in andra i din strategi och missar därmed möjligheten att hitta alternativa vägar mot ett mål. Lär dig att kompromissa och förhandla, du behöver inte förlora din prestige bara för att du inte bestämmer allt själv.

63

D-motivation och utvecklingspotential

När du drivs av motivationen bakom ditt höga D-beteende tilltalas du av utmaningar, kontroll och auktoritet. Dessa motivationsvariabler är vad du strävar efter att få, men det finns även en drivkraft från din primära rädsla – rädslan för att inte ha kontroll och att bli utnyttjad.

Oavsett om du drivs av din rädsla eller av det du önskar uppnå, kan beteendemönstret bli detsamma, till exempel handlingskraftigt, snabbt och målinriktat. Du blir dock oftast mer effektiv om du verkligen drivs av det du vill åstadkomma och inte av din rädsla.

Många undersökningar har visat att oerfarna ledare tenderar att drivas av sina rädslor. Har de då ett D-beteende kan det hända att de visar sina sämsta sidor. Om du drivs av rädslan att bli utnyttjad eller att tappa kontrollen som ledare, skulle det exempelvis kunna innebära att du inte litar på dina medarbetare eller att du istället för att vara en driven auktoritet blir alltför auktoritär pådrivare.

Kom ihåg!

- människor är viktiga
- alla har en chef
- alla är inte lika drivna som du
- du behöver ibland stanna upp och reflektera
- det är viktigt att besvara människors "varför"-frågor
- vissa regler är viktiga att följa
- ibland är vägen viktigare än målet

Ge andra en chans att förstå dina drivkrafter

Dina tendenser att vara rak, drivande, självständig, kraftfull och snabb kan ge andra intrycket av att du är okänslig och självcentrerad. Du är som en raketskjutning – målmedveten och på väg mot din destination utan att stanna upp. Eftersom du antagligen inte reflekterar särskilt mycket över andras åsikter när det gäller dina mål eller handlingar, missar du kanske att andra kan ha ett större behov av samråd än du själv. För att ge andra en chans att förstå ditt höga D-beteende kan det vara bra att dela med dig av vad som driver dig och varför du agerar som du gör.

Kom ihåg att detta alltså inte är en lista som innebär att andra ska rätta sig efter dig, utan snarare information du kan ge andra för att öka förståelsen för din motivation och ditt sätt att agera i olika situationer.

Tala om för andra att du:

- helst agerar snabbt och direkt när något tilltalar dig
- tenderar att bli otålig när beslut och aktioner, enligt din mening, tar för lång tid
- uppskattar när andra låter bli att kontrollera dig
- hellre väljer "learning by doing" före noggrann planering
- uppskattar när andra ställer upp på dina idéer
- inte är bekväm i att behöva lita på andra människor för att genomföra saker
- presterar som bäst när du får fria tyglar och får bestämma själv

---

Beteendemässig utvecklingspotential

Ibland befinner du dig i situationer där ditt beteende uppfattas som negativt av andra. För att inte hamna i låst läge som innebär att ditt beteende lägger krokben för vad du vill åstadkomma, är det viktigt att fundera över vilken utvecklingspotential du har. Studera de fem efterföljande situationerna. De är inte helt ovanliga för en person med ett högt D-beteende. Reflektionerna efter varje situation är korta tips på hur du skulle kunna förändra ditt sätt att agera för att bli ännu mer effektiv tillsammans med andra.

Du har, trots din ambition och din handlingskraft, inte fått de resultat som du velat ha. Lita inte på att du direkt och instinktivt har svaret på varför du inte fått det resultat som du velat ha (även om det känns som det mest naturliga för dig att göra). Reflektera istället över processen. Fundera över vilka detaljer du kan ha förbisett i din iver att nå målet.

Du blir irriterad på allt småprat som människor ägnar sig åt på arbetsplatsen. Fundera på varför människor har ett behov av att socialisera och inte bara prata om arbetet eller vilka resultat man åstadkommit. Även du kan ha ett utbyte av att opretentiöst bara socialisera på arbetet, och du hinner troligen med det du ska göra ändå.

Du tenderar att tappa fokus när någon annan än du själv pratar och bestämmer. Lyssna mer aktivt på vad personen verkligen uttrycker och försök hitta bra frågor att ställa. Att ge svar på allt kan skapa ett polariserat tänk som innebär att du missar andra perspektiv. Det är dessutom lättare att utveckla dina egna strategier om du lyssnar också på andra.

Du har svårt att få acceptans för dina idéer. Fundera över hur du kan presentera vad du kommit fram till genom att delge hela processen bakom dina idéer. Människor behöver känna sig involverade och delaktiga för att köpa dina argument. Eftersom du antagligen i första hand pratar om målet och resultatet finns det en risk att andra inte förstår hur du kommit fram till dina slutsatser, hur bra de än må vara.

När du säger vad du tycker tar dina arbetskamrater illa vid sig. Säg inte alltid direkt vad du tycker så fort någon lägger fram ett förslag. Även om du anser förslaget eller idén vara förkastlig, fråga innan du säger något. Ta för vana att fråga om dina arbetskamrater vill ha feedback på idén eller förslaget.

66

Kommunikativ utvecklingspotential

Hur du uttrycker dina tankar kan ha en stor inverkan på hur människor uppfattar dem och dig som person. En direkt och snabb kommunikation kan vara mycket effektfull, men kan också uppfattas som plump och oaktsam. Vissa uttalanden kan ta död på en konversation bara för att de är för direkta och snabba.

Genom att använda ord och fraser som bjuder in andra att delge sina tankar ökar dina chanser att få ta del av värdefull information. I efterföljande exempel ser du några vanliga fraser som ett högt D-beteende tenderar att använda. De alternativa fraserna i den högra kolumnen ger dig några riktlinjer om hur du kan höja ditt S-beteende och mjuka upp ditt vanligtvis lite tuffare sätt att kommunicera.

Kom ihåg att dessa endast är exempel. Du kanske själv kan hitta andra fraser med samma andemening som passar dig bättre. Det viktiga är att du provar andra sätt att uttrycka samma sak och i ett högt D-beteendes fall så handlar det ofta om att mjuka upp sättet att uttrycka sig på.

Naturligt uttryckssätt	Alternativt uttryckssätt
"Det tycker inte jag. Så här får det bli ..."	→ *"En intressant synpunkt, jag ser det dock på ett annat sätt. Vill du höra min åsikt?"*
"Jag tror inte på idén."	→ *"Ok, jag förstår vad du menar, har du tänkt på ...?*
"Bra förslag, men du har missat ..."	→ *"Jag gillar ditt förslag. Hur gör vi med ...?"*
"Nu gör vi så här."	→ *"Vad tror ni om att ...?"*
"Så här är det."	→ *"Med tanke på att ... är det väl sannolikt att ... eller vad tror ni?"*

Var vaksam på I-beteendets baksida

Om du vet att du ofta tenderar att använda ditt I-beteende, vet du också att du orädd söker kontakt och involverar dig i många olika saker. Ibland och rätt använt är ditt beteende ett alldeles utmärkt och effektivt verktyg för att åstadkomma det du vill. Men ibland kan det bli ditt största hinder för att bli inflytelserik och bidra med dina idéer.

Primär rädsla

Ett högt I-beteendes primära rädsla är att bli socialt avvisad eller illa omtyckt. När du medvetet eller undermedvetet drivs av den rädslan försöker du än mer att bli bekräftad och vara omtyckt. Detta kan leda till att du skämtar bort allvarliga saker eller får svårt att hantera konstruktiv kritik. Om du vet att du ofta har ett I-beteende, oavsett vilken position du befinner dig i, är det viktigt att du utmanar din rädsla. Att konfrontera din rädsla innebär för det mesta att göra tvärtemot det du spontant känner för att göra. Det är obekvämt, men kan utveckla dig enormt mycket. Du behöver inte alltid vara omtyckt av alla. I vissa situationer behöver du ta obekväma beslut, istället för att vara alla till lags.

Beteende under stress och hård press

I situationer där du upplever stress är det större risk att du uppvisar dina mindre fördelaktiga egenskaper. Dina styrkor kan bli dina svagheter. Om du upplever stress kan dina styrkor, såsom att vara inspirerande och optimistisk, förvandlas till att du manipulerar andra för att få det du vill. Du kan också bli överkänslig och bekräftelsesökande för att tillfredsställa dina behov.

Blir du tillräckligt hårt pressad, finns en stor risk att ger du upp och får skuldkänslor för ditt manipulativa agerande. Du har säkert någon gång befunnit dig i en konfliktsituation där du i början av konflikten utnyttjat dina styrkor och sökt vägar för att bibehålla en god relation och ändå få din vilja igenom. Ju längre konflikten pågått desto större sannolikhet är det att du kan ha upplevts som manipulativ, sarkastiskt undvikande eller rent av attackerande. Till slut kanske du till och med gett upp och ångrat ditt agerande.

Ett I-beteendes slutliga försvar tar sig i uttryck genom att vända sig inåt och älta det som hänt. Den ångest du kan känna beror många gånger på att du är rädd att du nu gjort dig ovän med andra. Ett I-beteendes stresskontinuum ser vanligtvis ut som i den efterföljande modellen.

68

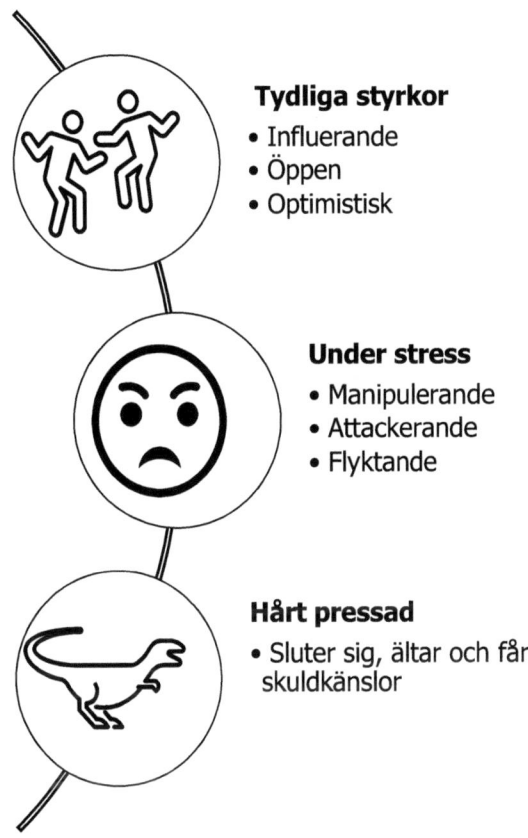

Tydliga styrkor
- Influerande
- Öppen
- Optimistisk

Under stress
- Manipulerande
- Attackerande
- Flyktande

Hårt pressad
- Sluter sig, ältar och får skuldkänslor

När du överexponerar ditt I-beteende

Med ett I-beteende är du troligtvis mycket kommunikativ, positiv och alltid med där det händer. Din drivkraft att vara populär och din vilja att influera andra kan göra att du både blir pratig och inställsam. Andra kan uppfatta dig som slingrig och ostrukturerad och ditt beteende kan både slå tillbaka mot dina relationer och dig själv. I din strävan efter att vara inflytelserik inom alla områden, kan du bli oseriös och halvhjärtad i dina insatser. Du påbörjar en hel del men har svårt att avsluta alla projekt. Genom att reflektera över situationer du inte gillar, men som du faktiskt själv satt dig i, kan du hjälpa dig själv att hitta andra förhållningssätt. Studera följande beskrivningar och fundera över vad du kan känna igen hos dig själv, samt vad du kan göra för att inte hamna i dessa negativa beteenden.

Övertalande kan bli manipulativ

Du är troligen generös med både historier och självupplevda situationer när ditt höga I-beteende kommer till uttryck. Ditt språk, som ofta trollbinder din omgivning, är levande och förtroendeingivande. Med dina kommunikativa färdigheter har du en unik förmåga att påverka andra att se saker ur ditt perspektiv. Ibland kan dock din passion för att övertyga andra uppfattas som manipulativ, särskilt om du argumenterar utifrån en stark subjektiv övertygelse. Trots din förmåga att påverka och entusiasmera, kan det vara klokt att då och då ta ett steg tillbaka. Genom att ge utrymme åt andras perspektiv, undviker du att dina åsikter upplevs som påtvingade. Kom ihåg, alla inte behöver "omvändas" – även diametralt motsatta åsikter har sitt värde och kan berika en diskussion.

Involverad kan bli ofokuserad

Eftersom du älskar att vara involverad i det mesta är du ofta med och inspirerar andra i olika projekt. Din positiva attityd ger mycket energi och din egen energi upprätthåller du också genom att få vara involverad. Var dock uppmärksam på att du inte blir en person som vänder kappan efter vinden. I takt med att du involverar dig i allt fler projekt finns det en risk att du tappar din egen fokus och inriktning. Du kanske inte ens märker alla olika riktningar, utan bara hakar på allt nytt. Ibland kan det vara bra att stanna upp och fundera på vad du egentligen vill engagera dig i och lägga din huvudsakliga energi på.

Optimistisk kan bli orealistisk

Ett I-beteende har oundvikligen en positiv syn på mycket. Du förväntar dig ofta det bästa av en situation, med övertygelsen om att du kommer att stå mitt i centrum av det hela. Ofta smittar din optimism av sig på andra och hjälper dem i mindre bekväma situationer. Även om din positiva hållning är fantastisk, löser den tyvärr inte allt. När du tror att "det löser sig", finns det en risk att du blir orealistisk. Du kan, i din känslomässiga optimism, ignorera fakta som är nödvändiga för att göra en korrekt analys. Ibland har du mycket att vinna på att betrakta situationen från en mer objektiv synvinkel, speciellt innan du säger: *"det löser vi".*

Spontan kan bli impulsiv

Med ett I-beteende har du en naturlig spontanitet. Du kanske tycker att möjligheterna är oändliga, bara man tar dem direkt när de kommer. Spontanitet är bra, men kan i överdoser få en effekt på både dig och din omgivning. Ditt spontana engagemang kan få dig att helhjärtat satsa på ett projekt, men så fort något annat intressant dyker upp också få dig att lämna det utan att producera något resultat. Fundera över dina prioriteringar. Det kan hjälpa dig att undvika att hoppa från det ena till det andra som låter intressant. Fråga dig vad som är intressant och vad som krävs för att fullfölja det du åtar dig att göra.

Entusiastisk kan bli överemotionell

Din entusiasm är en stor del av ditt naturliga beteende som både attraherar och inspirerar andra. När du är entusiastisk är du också mycket emotionell. Eftersom känslor tenderar att förstärkas i både med- och motgång finns det en risk att du oavsett situation blir överemotionell. Tänk på att dina "känselspröt" ibland kan vara alldeles för fininställda och få dig att göra en höna av en fjäder eller agera känslostyrt utan att vara rationell. I medgång kan din öppenhet uppfattas som för påstridig och i motgång är risken stor att du attackerar andra, särskilt om du själv tycker du blivit kränkt. Fundera på hur du kan vara något mer måttlig i dina känsloyttringar för att inte hamna i ytterligheterna av ditt beteende.

I-motivation och utvecklingspotential

När du drivs av motivationen bakom ditt I-beteende tilltalas du sannolikt av entusiasm, bekräftelse och av att få påverka andra människor. Dessa motivationsvariabler är vad du strävar efter att få. Men det finns även en drivkraft från din primära rädsla, rädslan för att bli socialt avvisad eller att inte vara omtyckt.

Oavsett om du drivs av din rädsla eller av det du önskar uppnå kan beteendemönstret bli detsamma, till exempel influerande, entusiastiskt och spontant. Du blir dock oftast mer effektiv om du verkligen drivs av det du vill åstadkomma istället för av din rädsla. Exempelvis kan din önskan om att vara populär också bli din akilleshäl.

Om du drivs av rädslan att inte vara omtyckt förstärker det ditt behov av att söka bekräftelse, vilket i värsta fall kan göra dig till en parodisk figur så påminner om chefen i den engelska klassiska TV-serien "The Office." Okej kanske inte fullt så parodisk, det finns säkert någon form av diagnos bakom den karaktären, men det finns en risk att du i vänder ut och in på dig själv för att få inflytande och bekräftelse.

Kom ihåg!

- allt går inte att lösa utan i farten
- det är verkligen viktigt att på riktigt lyssna till andras behov
- ibland måste du förmedla dåliga nyheter utan att försköna
- uppgifter är lika viktiga att avsluta som att påbörja
- alla ser inte möjligheter i allt
- detaljer är ibland viktiga
- risker existerar och din subjektiva syn behöver ibland en objektiv infallsvinkel

---

Ge andra en chans att förstå dina drivkrafter

Dina tendenser att vara inspirerande, spontan, entusiastisk, utåtriktad och kommunikativ kan ge andra ett intryck av att du är klämkäck och självcentrerad. Eftersom du antagligen själv har svårt att se hur dina beteenden skulle kunna uppfattas som negativa, är det bra att tala om för andra varför du agerar som du gör. För att ge andra en chans att förstå ditt beteende kan det vara bra att delge andra vad som driver dig.

Kom ihåg att den efterföljande listan inte innehåller uppmaningar som innebär att andra ska rätta sig efter dig. Den är inte heller till för att rättfärdiga mindre klädsamma beteenden, utan bör användas för att öka förståelsen för din motivation och ditt sätt att agera i olika situationer.

Tala om för andra att du:

- är spontan och gärna kastar dig in i något så fort du tycker att det verkar kul och intressant
- är öppen och hellre friar än dömer andra
- uppskattar när andra ger dig positiv feedback om dig som person
- gärna berättar om dig själv och är nyfiken på andra
- har tusen idéer men ibland kan vara lite ostrukturerad
- gärna tar på dig rollen av att vara inspiratör
- ofta ger din positiva men också subjektiva bild av situationen

Beteendemässig utvecklingspotential

Ett I-beteende kan, tro det eller ej, ibland också uppfattas som negativt av andra. För att inte hamna i låst läge där ditt naturliga beteende lägger krokben för vad du vill åstadkomma, är det viktigt att fundera över din utvecklingspotential. Studera de fem efterföljande situationerna. De är inte helt ovanliga för ett I-beteende. Reflektionerna efter varje situation är korta tips på hur du kan ta tag i din utvecklingspotential för att bli mer beteendeflexibel.

Du tror alltid att det ska lösa sig och dina arbetskamrater tycker att du är oseriös. Det är en fantastisk egenskap att alltid kunna se saker från den ljusa sidan, men ibland behöver du inse de verkliga problemen för att kunna lösa dem. Allt löser sig, men vill du att det ska lösa sig på bästa sätt är det viktigt att du också är och uppfattas som realistisk.

Du slutför inte det du påbörjat. Skapa en handlingsplan för dina visioner. Om du tycker att det är svårt, be någon annan hålla dig ansvarig och stoppa dig när du är på väg att hoppa på något nytt innan du har slutfört det du redan börjat. Fundera över vad som verkligen får dig "att ticka", allt som verkar roligt är inte lika givande i längden. Öva dig på att avsluta saker, även om lockelsen i något nytt är större.

Du vill och har lätt för att småprata men får ett kallt bemötande tillbaka. Fundera på vilka som är bekväma med småprat och ägna dem tid för ditt behov. Slösa inte din energi på att få någon som inte vill småprata att göra det mot sin vilja. Fundera också på vad de som är mindre benägna att småprata verkligen skulle vilja prata om. Ibland kan en "osocial" person bli "social" om den finner samtalsämnet intressant.

Du har svårt att säga nej. Även om det finns många saker som du tycker verkar roliga, fundera över vad som är nödvändigt att fokusera på just nu. Börja med att säga nej till enkla saker. Människor tycker inte illa om dig bara för att du inte ställer upp på allt. Dessutom får du mer energi till att delta i de aktiviteter du helhjärtat involverar dig i.

Din fokus på att upprätthålla relationer, gör att du tappar uppgiftsfokus. Fundera över vem eller vilka du behöver prata med idag och varför. Även om det är kul att underhålla sina kontakter och även om du har ett stort behov av att socialisera med dem, ta lite tid till annat. De kommer inte att glömma bort att du finns.

Kommunikativ utvecklingspotential

Hur du uttrycker dina tankar kan ha en stor inverkan på hur människor uppfattar dem och dig som person. Ett entusiastiskt och personligt sätt att kommunicera kan vara mycket uppskattat, men kan också uppfattas som för personligt och påträngande av vissa. Du kan till exempel höja ditt C-beteende och ta ett mer objektivt perspektiv, tala mindre och lyssna mer.

Genom att undvika att verka alltför påflugen eller påstridig kan du skapa ännu bättre förutsättningar för att få en bra kontakt med andra, i synnerhet mer reserverade personer. Studera nedanstående två kolumner för att uppmärksamma din kommunikativa utvecklingspotential.

Kom ihåg att dessa fraser endast är exempel. Du kanske själv kan hitta andra fraser med samma andemening som passar dig bättre. Det viktiga är att du provar andra sätt att uttrycka samma sak och i ett högt I-beteendes fall så handlar det ofta om att vara mer återhållsam i sättet att uttrycka sig.

Naturligt uttryckssätt	**Alternativt uttryckssätt**
"Det löser sig! Det är bara att..." →	*"Jag har en idé om vad vi skulle kunna göra. Hur låter det här ...?*
"Det finns inga problem, bara möjligheter!" →	*"Låt oss titta på vad vi kan uppnå utifrån vår nuvarande situation."*
"Var inte så orolig, vi kommer att lösa det på vägen, vi tar det sen!" →	*"Ok jag förstår din oro, vad tror du om att ändå påbörja arbetet och se vad vi kan åstadkomma just nu?"*
"Självklart ska jag ge även detta projekt en chans." →	*"Jag ska fundera på om jag kan prioritera detta just nu."*
"Det finns alltid en lucka i min kalender annars skapar jag en." →	*"Det är fullt i min kalender nu, kan vi titta på detta vid ett senare tillfälle?"*

Var vaksam på S-beteendets baksida

Om du vet att du har en stark benägenhet att använda ditt S-beteende vet du också att du är noga med att skapa och bibehålla goda relationer och trygga miljöer. Många gånger är ditt beteende ett alldeles utmärkt och effektivt verktyg för att uppnå det du vill. Men ibland kan det också begränsa din egen utveckling.

Primär rädsla

Ett S-beteendes primära rädsla är snabba förändringar och oförutsägbara situationer. När du medvetet eller undermedvetet drivs av den rädslan försöker du med alla medel behålla stabilitet och rutiner. Detta kan leda till att du stoppar upp förändringar, trots att de kan vara fördelaktiga. Därför är det viktigt att konfrontera din rädsla samt då och då faktiskt göra tvärtemot vad du i första läget vill. Ibland behöver du bryta rutiner och vara öppen för snabba förändringar. I vissa situationer ska du tänka mer på dig själv och inte på alla andra i första hand. Du är inte illojal eller otrevlig bara för att du uttrycker dina behov eller inte jämt tar hänsyn till vad alla andra vill.

Beteende under stress och hård press

När du upplever en situation som stressfull är det större risk att dina styrkor blir dina svagheter. Du har säkert lagt märke till att dina beteenden missgynnar dig själv då och då. Dina styrkor, såsom att vara empatisk och samarbetsvillig, kan då förvandlas till att du i princip blir självutplånande för att vara andra till lags. Blir du tillräckligt hårt pressad och upplever att ditt primära behov av att ha trygghet och rutiner inte finns kan du reagera med raka motsatsen till dina styrkor, det vill säga bli obehärskad, visa ilska och aggressivitet.

Kanske har du någon gång befunnit dig i en konfliktsituation där du själv i början av konflikten utnyttjat dina styrkor och sökt vägar för att behålla en god relation och söka kompromiss. Ju längre konflikten pågått desto större sannolikhet är det att ditt beteende övergått till att bli ett S-beteende under stress. Då har du säkert upplevts som tillbakadragen och undfallande. Men när stubinen brunnit ned har du ilsknat till och uppträtt aggressivt.

Ett S-beteendes slutliga försvar ligger i att släppa ut den ilska som byggts upp utifrån att försöka undvika konflikt. Stresskontinuumet för ett S-beteende ser vanligtvis ut som i den efterföljande modellen.

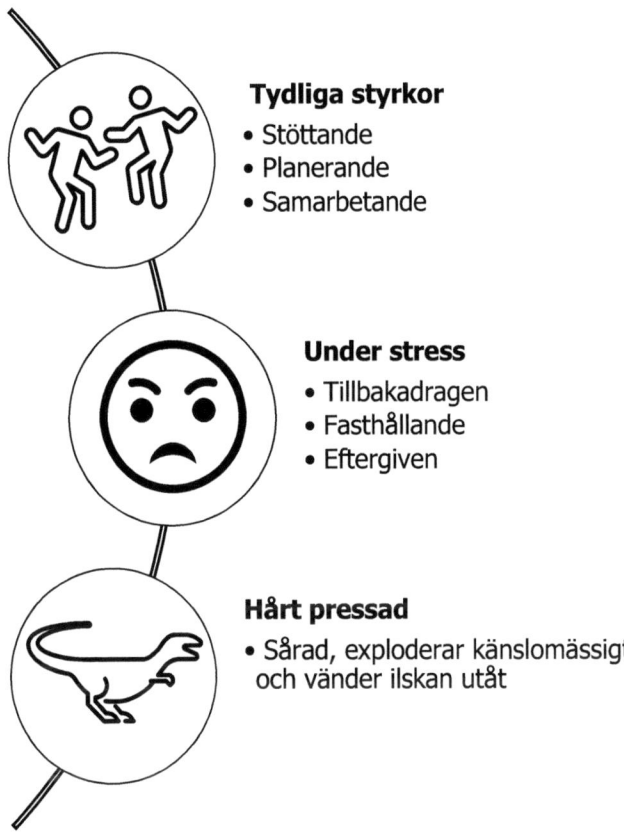

Tydliga styrkor
- Stöttande
- Planerande
- Samarbetande

Under stress
- Tillbakadragen
- Fasthållande
- Eftergiven

Hårt pressad
- Sårad, exploderar känslomässigt och vänder ilskan utåt

När du överexponerar ditt S-beteende

Med ett S-beteende är du troligtvis mycket empatisk, ödmjuk och lugn. I din strävan efter trygghet och stabila relationer kan du bli både förändringsmotståndare och konflikträdd. Andra kan uppfatta det som att du aldrig tar ställning till något. När du försöker vara alla till lags glömmer du ibland bort dina egna behov. Det finns en risk att andra utnyttjar din välvilja och din oförmåga att säga nej, särskilt om du inte visar vad du egentligen vill. Studera följande beskrivningar och fundera över vad du kan känna igen hos dig själv, samt vad du kan göra för att inte hamna i dessa negativa beteenden.

Stabil kan bli förändringsrädd

Eftersom du eftersträvar stabilitet är du lojal mot befintliga grupper och system. Du känner till befintliga strukturer in i minsta detalj och det känns tryggt. När förändringens vind blåser blir din första reaktion att säga nej. "Du vet aldrig förrän du provat" är inget som tilltalar dig. Du vill ha stabilitet och trygghet, vilket kan bli på bekostnad av nyare och bättre metoder och strukturer. Men istället för att per automatik säga nej till något nytt kan det vara nyttigt för dig att någon gång säga ja utan att ha övervägt förändringen in i minsta detalj.

God lyssnare kan bli tystlåten

Människor uppskattar din förmåga att lyssna, en styrka som bottnar i ditt genuina intresse för vad andra har att säga. Men att vara en god lyssnare kan ibland innebära att dina egna behov, tankar och känslor hamnar i skymundan. Du kanske inte bara bär dina egna känslor, utan även andras. Att visa empati betyder inte att du ska ignorera dina egna behov. En bra lyssnare har också modet att dela sina åsikter och perspektiv som kan berika diskussionen. Det kan vara givande för dig att våga ta mer plats i konversationerna, öppna upp och dela med dig av dina egna tankar, känslor och råd. På så sätt blir du både en lyhörd samtalspartner och en starkare röst i de viktiga samtalen.

Rutinmässig kan bli långsam

Du har troligtvis inga problem med att utföra repetitiva och rutinmässiga uppgifter, kanske föredrar du till och med att arbeta på det sättet. Att ha tydliga rutiner och arbeta systematiskt ger stabila och förutsägbara resultat. Men det kan också innebära att processen tar längre tid. I situationer där flexibilitet och snabbhet är viktigare än noggranna rutiner kan ditt arbetssätt ibland upplevas som långsamt. Ibland krävs ett högre tempo för att uppnå resultat. Även om det kan kännas ovant eller till och med oansvarigt att snabba upp processen och bryta vissa rutiner, är det viktigt att du utvecklar din förmåga att anpassa dig. Att vara mer flexibel innebär att du ibland också kan behöva be om hjälp från andra. Detta kan vara en utmaning för dig, särskilt eftersom du kanske är van vid att vara den som stöttar och hjälper andra. Men att be om hjälp när det behövs är en styrka. Övervinn motståndet inom dig, våga sträck ut handen. Det kan göra en stor skillnad.

Omtänksam kan bli lättmanipulerad

Du agerar i de flesta fall synnerligen omtänksamt mot andra. Eftersom du lätt ger din tid till andra för att hjälpa dem finns det också en risk att andra utnyttjar din välvilja. Det är säkert inte helt ovanligt att du tar på dig det som ingen annan vill göra. Med dina starka välvilja kan du lätt bli ett "offer" för andras bekymmer. Du vill gärna hjälpa och kan själv må dåligt över att andra mår dåligt. Rannsaka dig själv. Du behöver inte stötta och rädda alla. Det kan faktiskt vara så att andra människor själva, utan din hjälp, behöver lära från sina misstag. Livets läxor inte alltid är behagliga och kanske är de mest obehagliga läxorna de mest lärorika. Undvik att bli ett skyddsnät för andra, din hjälp kan hindra en persons utveckling. Uppmaningen kanske känns hård och känslokall, men för att inte bränna ut dig är det en realistisk och mycket viktig uppmaning.

Samarbetsvillig kan bli beroende

De flesta människor gillar när andra stödjer deras idéer och handlingar. Du föredrar troligtvis att arbeta med andra framför att arbeta ensam. Med en drivkraft att få vara en i laget och att få arbeta i bakgrunden, kan du i värsta fall sätta dig själv i beroendeställning. Genom att ta initiativ samt hantera problem och situationer på egen hand, skapar du möjligheter för att bli mer självständig och oberoende. Det behöver inte vara på bekostnad av att du blir en sämre "lagspelare", snarare bidrar det till att du får en större möjlighet att ta plats och till exempel använda din strategiska förmåga mer effektivt tillsammans med andra.

79

S-motivation och utvecklingspotential

När du drivs av motivationen bakom ditt S-beteende vill du skapa trygghet och samarbete. Dessa motivationsvariabler är vad du strävar efter att få, men det finns även en drivkraft från din primära rädsla, rädslan för förändringar och otrygghet. Oavsett om du drivs av din rädsla eller av det du önskar uppnå kan beteendemönstret bli detsamma, till exempel pålitligt, tryggt och empatiskt. Du blir dock oftast mer effektiv om du verkligen drivs av det du vill åstadkomma istället för din rädsla. Om du till exempel drivs av rädslan av att förändra förstärker det ditt behov av att ha stabila förhållanden. Det kan i sin tur kan göra dig till en bakåtsträvare i förändringssituationer. Du gör allt för att upprätthålla stabilitet och bibehåller det du uppfattar som tryggt. Vid dessa tillfällen kan du i värsta fall till och med motarbeta gynnsamma förändringar, bara för att se till att saker och ting behåller sin status quo.

Kom ihåg!

- all förändring är inte av ondo
- att vara rakt på sak är bra ibland
- det är okej att säga nej
- hjälpsamhet är inte samma sak som att alltid hjälpa till
- vänskap är inte allt i alla lägen
- rutiner kan hindra den egna utvecklingen
- konflikter kan vara både nyttiga och utvecklande

Ge andra en chans att förstå dina drivkrafter

Dina tendenser att vara empatisk, välvillig, stödjande, lyssnande och återhållsam kan ge andra ett intryck av att du är tillbakadragen och utan ambitioner. Eftersom du antagligen har svårt att själv se hur dina beteenden skulle kunna uppfattas som något negativt är det bra att ibland tala om för andra varför du agerar som du gör.

Kom ihåg att följande punkter alltså inte är en lista som innebär att andra ska rätta sig efter dig, utan snarare information som ökar förståelsen för din motivation och ditt sätt att agera i olika situationer.

Tala om för andra att du:

- helst arbetar tillsammans med andra
- behöver tid på dig när saker och ting ska förändras
- uppskattar när du får tydliga instruktioner uppdelade i en pedagogisk följd
- ofta hellre lyssnar än pratar
- gärna stödjer andra i deras arbete
- föredrar kompromisser för att nå fram till bästa lösningen
- tycker att processen är lika viktig som målet
- värdesätter människor

Beteendemässig utvecklingspotential

För att inte hamna i ett låst läge som innebär att ditt beteende hindrar dig från att åstadkomma det du vill, är det viktigt att fundera över vilken utvecklingspotential du kan ha med denna typ av beteendemönster. Studera de fem nedanstående vanliga situationerna som du kan befinna dig i om du använder mycket av ditt S-beteende. Reflektionerna under varje situation är korta tips för att utveckla dig själv i liknande situationer.

Du lyssnar villigt på andras problem men berättar inte om dina egna problem och ber heller inte om hjälp. Be om hjälp när du behöver det. Du blir inte en sämre människa eller stör inte andra bara för att du är mänsklig. Om det mot förmodan finns någon som inte vill hjälpa dig, fråga någon annan.

Du överbeskyddar dig själv genom att försöka bibehålla saker och ting som de är. Det är inget fel i att bevara rutiner. Men då och då, för att växa en aning som individer, behöver vi utsätta oss själva för situationer som inte är så förutsägbara. Fundera över när du kan ta tillfället i akt och öppna upp dina ögon för något nytt utan att först ta reda på allt du kan om det nya.

Du vill vara alla till lags och hinner inte med dig själv. Öva dig på att säga nej utan att tänka på dig själv som självisk. Ta mer tid för dig själv. Fundera över när du behöver mer egen tid och ta den. Tänk på dina egna behov – vad vill du just nu? Var lite mer egennyttig och gör det du verkligen vill göra.

Du vill säga ifrån men väljer att svälja stoltheten för att undvika konflikt. Konflikter kan faktiskt berika relationer, även om din uppfattning är en annan. För att undvika att bli sedd som en person utan åsikter behöver du ta en konflikt då och då. En oenighet behöver inte vara samma sak som att få ovänner för livet. Fundera över vilka strider du egentligen skulle behöva ta.

Du skulle vilja genomföra ett projekt men är orolig att andra inte vill samma sak och avvaktar med att uttrycka dina idéer. Dina åsikter är lika viktiga som någon annans. Tänk på i vilka situationer du skulle kunna uttrycka dina idéer, innan någon annan sagt sina. Du kan fortfarande vara en stödjande person och behöver inte stå på barrikaderna och vara den som driver en grupp, bara för att du uttrycker din åsikt.

82

Kommunikativ utvecklingspotential

Ett lugnt och inkännande sätt att kommunicera kan vara mycket trevligt, men kan också uppfattas som otydligt och långsamt. Ditt sätt att kommunicera kan bli obekvämt för andra eftersom du inte talar om vad du vill och därmed inte bjuder in till konversation eller diskussion. Genom att behålla de fördelar din kommunikationsstil har och samtidigt höja ditt D-beteende kan du ta mer initiativ, bli mer direkt och tydligare i dina åsikter. I efterföljande exempel får du tips på hur du kan utveckla din kommunikation.

Kom ihåg att dessa fraser endast är exempel. Du kanske själv kan hitta andra fraser med samma andemening som passar dig bättre. Det viktiga är att du provar andra sätt att uttrycka samma sak. I ett högt S-beteendes fall, handlar det ofta om att vara mer direkt och tydlig i sättet att uttrycka sig.

Naturligt uttryckssätt	Alternativt uttryckssätt
"Det är okej, bestäm ni." →	*"Vi tar beslutet tillsammans, men jag vill först säga att min åsikt är att ..."*
"Säger du att det är så, så är det väl så." →	*"Jag hör vad du säger, men kan det vara så att ...?"*
"Alla ska väl vara överens." →	*"Vi kan ju ha olika uppfattningar i frågan och för mig är det är okej."*
"Nä då, jag behöver ingen hjälp, det fixar jag." →	*"Om jag ska göra det så behöver jag lite extra hjälp inom dessa områden."*
"Jag vet inte, vad säger ni andra?" →	*"Baserat på vad jag vet så tycker jag ..."*

83

Var vaksam på C-beteendets baksida

Om du tenderar att använda ditt C-beteende frekvent, vet du också att du är mycket noggrann och eftertänksam. Rätt använt är ditt C-bete-ende ett alldeles utmärkt och effektivt verktyg för att åstadkomma det du vill. Ibland kan det dock bli ditt största hinder för att få andra att förstå vad du tycker är viktigt.

Primär rädsla

Ett C-beteendes primära rädsla är att göra fel och vara ogenomtänkt. När du medvetet eller undermedvetet drivs av den rädslan försöker du med alla medel analysera och vara noggrann för att undvika misstag. Det kan i värsta fall göra dig till en "fyrkantig besserwisser". För att undvika dina styrkors baksidor är det viktigt att du utmanar din rädsla. Att konfrontera din rädsla innebär att göra tvärtemot vad som kan upp-fattas vara logiskt att göra. Ibland behöver du vara spontan och ta ett beslut utan att väga in alla möjligheter och omöjligheter. Ingen männi-ska är ofelbar och att ha fel innebär inte att du är mindre värd.

Beteende under stress och hård press

I situationer där du upplever stress är det större risk att du uppvisar dina mindre produktiva egenskaper. Dina styrkor kan bli dina svagheter. Om du har ett högt C-beteende och upplever stress kan dina styrkor, såsom att vara noggrann och analytisk, förvandlas till felsökande och överanalyserande i din drivkraft att vara perfekt. Blir du hårt pressad och upplever att ditt primära behov, att vara korrekt och genomtänkt, inte är tillfredsställt reagerar du troligen med att bli självförsvarande och anklagande.

När du befunnit dig i en konfliktsituation har du kanske börjat med att utnyttja dina styrkor och sakligt argumenterat för din sak. Ju längre kon-flikten pågått desto större risk är det att du visat dina mer negativa aspekter såsom undvikande och pessimistisk. Till slut har det kanske gått så långt att du anklagat den andre för att själv inte bli anklagad.

Under hård press blir ett C-beteende oftast mycket anklagande och självförsvarande vilket i de allra flesta fall allvarligt äventyrar relationen. Ett C-beteendes stresskontinuum ser vanligtvis ut som i den efterföl-jande modellen.

Tydliga styrkor

- Analyserande
- Korrekt
- Granskande

Under stress

- Undvikande
- Pessimistisk
- Överförsiktig

Hårt pressad

- Självförsvarande och anklagande, "vad var det jag sa, det är ju inte mitt fel i alla fall"-attityd

När du överexponerar ditt C-beteende

Med ett C-beteende är du troligtvis mycket analytisk, noggrann och regelstyrd. I din strävan efter att göra saker grundligt med ett tydligt syfte kan du bli både avvaktande och rädd för att göra fel. Andra kan uppfatta dig som för "fyrkantig" och petig, när du egentligen bara försöker se till att allt går enligt planerna. Din riskbenägenhet är låg och du kan komma på dig själv att överanalysera vissa saker. Det medför ofta att det tar för lång tid innan du vågar omsätta dina tankar i handling. Studera följande beskrivningar och fundera över vad du kan känna igen hos dig själv, samt vad du kan göra för att inte hamna i dessa negativa beteenden.

Fokuserad kan bli osocial

Du har säkert en tendens att bli helt uppslukad av det du gör. Du ser det, och endast det, som du fokuserar på. Med en begränsad fokus finns riskerar du att exkludera människor eftersom uppgiften är det primära. Om du ofta upplever att din fokus blir lidande av att du har andra människor omkring dig kan det vara dags för en självrannsakan. För att inte riskera att bli utbränd behöver du också ta dig tid för andra saker än uppgifter som uppfyller din tid helt och hållet. Fundera också över hur den typen av fokus kan gå ut över dina relationer.

Noggrann kan bli petig

Du eftersträvar att göra allt på ett genomtänkt och noggrant sätt. Att göra allt så bra man någonsin kan är naturligtvis en bra drivkraft, men inte om den blir för stark. Det sägs att skidlegenden Ingemar Stenmark hade en vision om att göra "det perfekta åket". Han gjorde nog aldrig ett perfekt åk, men den strävan gav honom många medaljer. I din strävan innebär det också att du sannolikt vill dubbelkolla det mesta. När du hela tiden strävar efter att förbättra saker och ting, är det många gånger lika med många långa timmars arbete. Det ligger alltid en rädsla bakom en strävan efter perfektionism. Den begränsar dina möjligheter att "vara mänsklig". För att du inte ska hamna perfektionistfällan behöver du acceptera att något faktiskt duger, även om du skulle kunna göra mer.

Analyserande kan bli överanalyserande

Att analysera utifrån logik är antagligen helt naturligt för dig. Analyser är viktiga för att ge människor alla fakta om en situation. När du analyserar gör du det in i minsta detalj. Du tänker sannolikt igenom allt och ser alla detaljer i en helhet och hur de påverkar varandra. När du bara använder fakta och logik i din analys sker det ofta på bekostnad av känslor och subjektivitet. Det vara till stor fördel att ibland lita på din intuition för att inte hamna i ett oändligt objektivt analyserande som aldrig resulterar i handling. När analys drivs till överanalys, finns det en rädsla av att ta ett för hastigt beslut bakom. Kanske kan skådespelaren Michael J Fox uttalande hjälpa dig att undvika detta. "Jag är noga med att inte förväxla förträfflighet med perfektionism. Förträfflighet kan jag sträva mot, perfektionism är Guds uppgift."

Regelorienterad kan bli paragrafryttare

För dig är säkert frasen "Gör det på rätt sätt eller gör det inte alls" väl använd. Du vill göra rätt och är grundlig när det gäller att följa föreskrivna regler och ramar. När du är övertygad om att du gör rätt finns det mycket små möjligheter att ändra på den uppfattningen. Det innebär att du också blir indirekt kontrollerande både när det gäller dig själv och andra. Den typen av kontroll kan leda till "paragrafrytteri" och det är i regel destruktivt för relationer. Även om det för dig kan vara svårt att medge, bör du ändå tänka på att det ibland är bättre att upprätthålla en god relation på bekostnad av regler och ramar. Låt inte din önskan om att använda "best practice" göra dig rigid och påverka dina relationer negativt.

Kvalitetssträvande kan bli överkritisk

Allt du gör, om det så är att föra en enkel konversation till att genomföra en uppgift, genomsyras av din motivation att hålla kvalitet. Det är med den inställningen inte helt ovanligt att du också blir både kritisk och självkritisk. Andra kan se dig som felsökande när du egentligen endast vill se till att saker och ting genomförs med en viss standard. Se upp med att kritisera eller leta efter fel. Eftersom det du fokuserar på blir större är risken stor att du tenderar att hitta mer fel än nödvändigt. Dessutom innebär det också att du kanske inte uppskattar eller ens ser det som faktiskt fungerar.

87

C-motivation och utvecklingspotential

När du drivs av motivationen bakom ditt C-beteende strävar du efter att leverera kvalitet och vara korrekt utifrån givna ramar och regler. Men det finns även en drivkraft från din primära rädsla – rädslan för att göra fel och att inte vara genomtänkt. Ditt beteende kommer kanske inte att skilja sig åt oavsett om du motiveras av din rädsla eller av det du önskar uppnå. Du blir dock oftast mer effektiv om du verkligen drivs av det du vill åstadkomma och inte det du är rädd för. Andra kan ibland få se sidor av dig som inte alls är önskvärda. Om du drivs av rädslan för att göra fel kan det förstärka ditt behov av att alltid göra rätt, vilket ofta leder till överanalys och stark självkritik. Paradoxalt nog kan detta göra att du presterar sämre och får svårare att upprätthålla den kvalitet du strävar efter, eftersom du missar att se möjligheter och fastnar i detaljer.

Kom ihåg!

- allt behöver inte analyseras
- detaljerade förklaringar behövs inte alltid
- att ta en kalkylerad risk är möjligt i de flesta fall
- det finns olika mått på vad som är korrekt
- flexibilitet är viktigt
- det finns väldigt sällan bara en ”rätt väg”
- människor har känslor

Ge andra en chans att förstå dina drivkrafter

Dina tendenser att vara analytisk, korrekt, genomtänkt, reserverad och regelorienterad kan ge andra ett intryck av att du är en kall perfektionist. Eftersom du antagligen själv har svårt att se hur dina beteenden skulle kunna uppfattas som något negativt, är det bra att tala om för andra varför du agerar som du gör.

Ge andra en chans att förstå ditt beteende genom att delge vad som är viktigt för dig. Nedanstående är inte en lista som innebär att andra ska rätta sig efter dig, utan snarare information för att öka förståelsen för din motivation och ditt sätt att agera i olika situationer.

Tala om för andra att du:

- tycker att kvalitet är viktigt
- gärna arbetar enskilt utifrån tydliga riktlinjer
- uppskattar att en aktivitet har ett tydligt syfte
- ofta frågar därför att du genuint vill veta varför och eftersöker detaljerad information
- inte tycker att det är naturligt att prata om känslor
- eftersöker tydliga ramar och riktlinjer i det du gör
- vill ha gott om tid på dig att analysera en situation
- vill ha ingående information i förväg

89

Beteendemässig utvecklingspotential

Ibland hamnar du i situationer där ditt C-beteende uppfattas som något negativt. För att ditt naturliga beteende inte ska sätta stopp för det du vill åstadkomma behöver du fundera över din egen utvecklingspotential. Studera de sex efterföljande situationerna som du kan befinna dig i med ett C-beteende. Reflektionerna under varje situation är korta tips på hur du kan förändra dina reaktioner för att inte hamna i låsta och negativa situationer.

Du överreagerar när du får kritik för det du gjort. Du har troligtvis varit genomtänkt och gjort saker med kvalitet. Ta emot den feedback du får, utan att förklara bort den. Även om du gjort ett "perfekt" arbete så kan en annan persons synpunkter ge dig en möjlighet att ytterligare nyansera det du gjort. Det är okej att finslipa saker och ting med hjälp av andra.

Din konstruktiva kritik tas inte emot som du vill. Din vilja att ge konstruktiv kritik är värdefull. Kom dock ihåg att det också är av stort värde att ge beröm då och då. En ärlig komplimang tillsammans med konstruktiv kritik skapar bättre förutsättningar för att nå fram med din kritik.

Du tar för lång tid på dig att avsluta ett arbete. När det är möjligt, sätt din deadline någon eller några dagar tidigare än vad du beräknat att arbetet ska ta. På det sättet har du tid att gå tillbaka och dubbelkolla allt och samtidigt hålla den tidsram du bestämt.

Du blir aldrig nöjd med ditt arbete. Du vill troligtvis uppnå perfektion. Fundera på när något är bra nog. Allt arbete kräver inte perfektionism. Det är faktiskt rätt mycket som "endast" kräver "bra nog".

Du har svårt att "bara" socialisera utan syfte. I vissa situationer är det bra att "bara" socialisera. Du har en möjlighet att skapa goda relationer som kan hjälpa dig i både ditt arbete och i allmänhet.

Du tar inte ett beslut eftersom du inte har tid att analysera situationen objektivt. Ibland kan subjektiva och intuitiva beslut vara precis de rätta besluten att ta. Det känns antagligen ogenomtänkt för dig. Men du bör tänka på att du i ett intuitivt beslut ändå alltid väger in för- och nackdelar baserat på dina tidigare erfarenheter. Tillåt dig själv att vara lite friare från de "rätta" ramarna.

Kommunikativ utvecklingspotential

Hur du uttrycker dina tankar kan ha en stor inverkan på hur människor uppfattar dem och dig som person. Ett korrekt och genomtänkt sätt att kommunicera kan vara mycket bra men kan också uppfattas som för petigt och beräknande. Ditt sätt att kommunicera kan bli obekvämt för andra eftersom du vanligtvis är distanserad i ditt förhållningssätt.

Genom att höja ditt I-beteende kan du uttrycka saker något mindre invecklat och mer positivt. Det ökar dina chanser att få en bra kontakt med andra, samt minska risken att uppfattas som negativ och komplicerad. Efterföljande naturliga fraser och alternativa fraser ger dig några riktlinjer om hur du kan förändra din kommunikation för att minska risken för missförstånd.

Kom ihåg att dessa endast är exempel. Du kanske själv kan hitta andra fraser med samma andemening som passar dig bättre. Det viktiga är att du provar andra sätt att uttrycka samma sak. I ett högt C-beteendes fall så handlar det ofta om att vara mer öppen och mindre kontrollerande i sättet att uttrycka sig.

Naturligt uttryckssätt	Alternativt uttryckssätt
"Så kan vi inte göra enligt föreskrifterna" →	*"Intressant tanke, hur gör vi med ..."*
"Innan vi sätter igång så måste vi analysera ordentligt." →	*"Ja, varför inte prova, så kan vi utvärdera sen om det går."*
"Vad är syftet med det?" →	*"Skulle du kunna utveckla det du säger?"*
"Det kommer inte att fungera för att ..." →	*"Hur löser vi ...?"*
"Det är bra men det finns flera fel här." →	*"Det är bra, vad tror du skulle kunna göra detta ännu bättre?"*

Varför är det inte bara att ändra på sig?

Oavsett vilken stil du använder finns det en risk att du överexponerar den. De flesta av oss är bekväma och vill skapa bra relationer utan att behöva förändra vårt eget sätt att kommunicera. De tips du just läst om under respektive beteendemönster hjälper dig att förbättra din beteendeflexibilitet. Den kan i sin tur kan förbättra dina relationer, kanske framförallt till människor med andra stilar än din egen.

Tyvärr har alla tipsen en sak gemensamt, de är relativt svåra att applicera. Varför? Svaret är mycket enkelt, att ändra sin naturliga stil i en motsatt riktning känns obekvämt och negativt. Det är lätt att uppmana en person med ett högt S-beteende att kommunicera mer direkt, lite mer som en person med ett högt D-beteende gör. Men även om personen vet att den skulle tjäna på att göra det, så gör den det ändå inte. Det beror på att för ett högt S-beteende är "att vara mer direkt" ungefär samma sak som att vara burdus. På samma sätt går det att finna liknande aversioner hos personer med andra beteendemönster.

Om du ber en person som använder ett högt D-beteende att lyssna lite mer på andra, finns det en stor risk att den tolkar din uppmaning som att du ber vederbörande om att slösa bort tid och lyssna till oväsentliga saker. Att be en person som använder ett högt I-beteende att bli mer detaljerad, är som att be den om att säga samma sak flera gånger. Att uppmana en person med ett högt C-beteende att vara lite mer öppen och skämtsam är som att be den vara oseriös. Om du ser tipsen på detta stereotypa sätt kommer du sannolikt inte att ge dig själv en chans att korrigera dina svagheter.

Ett sätt att minska motviljan är att påminna dig själv om att tipsen inte är till för att förändra vem du är, utan för att ge dig möjlighet att reflektera och välja vad som passar dig bäst. Du ska inte sluta vara dig själv – poängen är att öka din beteendeflexibilitet genom att utveckla hur du kommunicerar, så att dina styrkor inte tar över och blir dina svagheter. Att kliva ut ur sin komfortzon kan vara utmanande, men det är sällan så svårt som vi först tror. Det största hindret är ofta våra egna begränsande övertygelser om vad som är möjligt och vad som inte är det.

När trygghetszonen blir komfortzonen

Inte sällan är det *trygghetszonen* som hindrar oss från att bli mer bete-endeflexibla. Låt oss därför utforska hur den fungerar. Vi lever alla inom ett område som vi kan kalla för vår *trygghetszon*. Föreställ dig denna trygghetszon som en ballong fylld med trygghet. Vi går var och en i vår egen ballong av varierande storlek. Det är arenan där vi känner oss säkra, där vi känner igen våra beteenden och där vi inte utsätter oss för något oväntat eller obehagligt. Alla beteenden utanför ballongens väggar är kopplade till oro och rädsla.

Det är lätt och bekvämt att göra saker och ting på samma sätt vi gjort tidigare. Vi behöver varken känna rädsla eller oro om vi agerar utifrån beteenden och kommunikation som vi använt och känner igen. Många av oss gör allt för att fortsätta att använda välbekanta beteenden just för att slippa uppleva rädsla. Ironiskt nog så blir rädslan bara större ju mer man försöker undvika den – man blir rädd för att bli rädd och trygg-hetszonen minskar i omfång.

Vår rädsla genererar i grund och botten två beteenden – kamp eller flykt. Flykten kan förvisso delas in i att "bli till sten" eller försöka ta sig ifrån den uppfattade faran. Men poängen är att den fysiska responsen, vare sig det gäller kamp eller flykt, är likadan. Den ger ett ökat adre-nalinpåslag, omfördelning av blodet från för tillfället oviktiga funktioner som matsmältning och immunsystem till för tillfället mer viktiga organ som skelettmuskulatur i form av arm- och benmuskler. Olyckligtvis fun-gerar kamp- och flyktresponsen även om man bara *tror* att saker och ting ska hända.

Det innebär att dina inre filter försämrar möjligheten att anta ett annat beteende än det mest bekväma. Kanske är du rädd för att misslyckas, rädd för att andra ska tycka illa om dig, rädd för att uppfattas som tråkig eller rädd för att göra fel. När du uppfattar att förändringen ligger utan-för din trygghetszon blir din naturliga respons oftast att avfärda den eller motbevisa den. Du bygger upp utmärkta argument som får dig att und-vika att prova nya saker. När du ändrar ditt beteende så testar du väg-garna i ballongen och om du gör det tillräckligt många gånger utvidgas ballongen eftersom det nya beteendet också behöver få plats. På samma sätt kan du få den att minska om du hela tiden ryggar tillbaka så fort du närmar dig ballongens väggar. Om du vill anta ett nytt beteende behö-ver du alltså först och främst utmana och utvidga din trygghetszon.

93

Den positiva intentionen bakom beteendet

Ett annat faktum som kan påverka möjligheten att vara mer beteende-flexibel är vår förmåga att se att olika beteenden kan uppfylla samma intention. Allt beteende har en positiv bakomliggande intention (åt-minstone för oss själva). Det betyder alltså att vi alltid har ett syfte med att använda ett beteende. Om vi endast ser att det finns *ett* beteende som kan uppfylla intentionen kommer vi givetvis att använda det bete-endet. Men om vi vill utveckla vår beteendeflexibilitet behöver vi hitta alternativa beteenden för att uppnå samma intention. Att använda ett högt S-beteende kan till exempel ha intentionen att skapa delaktighet. Intentionen är positiv, men om du ändå inte får andra att bli delaktiga behöver du förändra ditt beteende. Du behöver inte göra avkall på den intention du har, du behöver kanske bara förändra ditt beteende.

Separera intentionen från ett oönskat beteende

Att "tanken var god" har du säkert hört. Om du väljer att tro att det är sant, blir det också lättare att inse att allt beteende har en bakomlig-gande positiv intention. Antagandet att allt beteende skulle ha en positiv intention ställer naturligtvis saker och ting på sin spets, i synnerhet i de fall man uppfattar att människors beteende endast är destruktivt. Låt oss därför ta några exempel på vad som skulle kunna ligga bakom vad som många gånger uppfattas som ett negativt eller rent av destruktivt beteende.

Ett överexponerat D-beteende uppfattas ofta som både aggressivt och hotande. Men den positiva intentionen bakom detta kan vara att skapa en skyddsmur och själv ta kontroll över något som uppfattas hotande.

Ett överexponerat I-beteende som tycks vända kappan efter vinden och vara alla till lags kan ha en bakomliggande intention att vara omtyckt och bli bekräftad av alla.

Den positiva intentionen bakom ett överexponerat S-beteendes mot-stånd till förändring kan vara att skydda sig själv mot det otrygga genom att stanna kvar i det gamla och invanda.

Ett överexponerat C-beteende som aldrig kan vara nöjd med en prestat-ion och ständigt letar efter fel har den positiva intentionen att vilja hålla kvalitet och göra rätt.

Ibland fyller ett till synes negativt beteende ett flertal positiva intentioner för en individ. Jag pratade vid ett tillfälle med en chef som upplevde en medarbetares beteende som väldigt destruktivt. Han tyckte att medarbetaren ständigt ifrågasatte regler och normer på arbetsplatsen. Han kom dessutom ofta sent, respekterade inte kollegorna i gruppen, till och med gjorde narr av deras misstag och uppträdde allmänt provocerande.

De positiva intentionerna bakom ett sådant beteende kan ha varit att försöka stärka sitt eget självförtroende genom att nedvärdera andra, att få synas och ta plats genom att dra uppmärksamheten till sig när han kommer för sent. Ett beteende som givetvis inte är önskvärt för andra, men som har en positiv intention för den enskilde individen. När chefen satte sig ned med medarbetaren för att utforska hur han egentligen tänkte om sitt eget beteende visade det sig att han kände sig utanför och ignorerad. Hans sätt att bli uppmärksammad fungerade även om det upplevdes som destruktivt av andra.

Kom ihåg! *Den positiva intentionen är inte alltid positiv för andra, men alltid positiv för den som har beteendet.* För att du inte ska skuldbelägga dig själv för dina egna oönskade beteenden är det också viktigt att separera den positiva intentionen från det beteende du upplever som negativt. Likt en sticka måste dras ut innan plåstret sätts på, kan du endast påverka och förändra ett beteende om du hittar orsaken bakom det.

Kort reflektion:

1. Vilka begränsande beteenden använder du och i vilka situationer tenderar du att använda dessa?

2. Tänk på ett tillfälle du överexponerade ditt naturliga beteendemönster. Vad var din intention? Vad kunde du ha använt för beteende för att uppnå samma intention?

4. Att förstå hur du kan förstå andra

Att förstå sig själv och sina typiska reaktioner är det första steget i att utveckla sin förmåga att skapa produktiva relationer till andra. Självinsikt räcker i de allra flesta fall rätt långt. Men för att bli riktigt bra på att skapa goda relationer behöver du också lära dig att känna igen och förstå andras beteenden och kommunikationspreferenser. Oavsett om du är på ditt arbete, hemma eller i andra sociala situationer är din förmåga att acceptera andras beteenden och anpassa ditt eget beteende nyckeln till en framgångsrik interaktion.

Att förstå och tillämpa DISC innebär inte att varje möte automatiskt blir perfekt. Däremot finns det specifika strategier som kan förbättra dina chanser att lyckas. Genom att undvika vissa fallgropar och aktivt använda rätt tillvägagångssätt kan du enklare möta och förstå varje individ du interagerar med. För att kunna tillämpa dessa strategier i praktiken behöver du bli skicklig på att identifiera olika beteenden och kommunikationsstilar. I det här kapitlet kommer du därför att lära dig hur du snabbt och effektivt kan känna igen en annan persons beteendemönster och anpassa din kommunikation därefter.

Personkemi eller inte, det är frågan

Vi tolkar och bedömer, ibland till och med fördömer, det andra gör genom att filtrera det vi upplever genom vårt eget "okej-filter". "Okej-filtret" är egentligen inget annat än vår egen beteende- och kommunikationspreferens. I de flesta fall reflekterar vi inte över *varför* vi tycker mer eller mindre om en annan person, vi konstaterar endast *att* vi gör det. Vi har en tendens att tycka bättre om de som kommunicerar och agerar likt oss själva. Inte sällan säger vi då att vi har en bra personkemi.

Om vi tror att personkemi är opåverkbart har vi ganska små möjligheter att skapa personkemi. Ställer vi oss istället frågan *varför* vi upplever personkemi med vissa och inte med andra, ger det oss nya möjligheter söka svaren på vad som fungerar eller inte. Personkemi är inget magiskt som bara finns. Personkemi kan brytas ned i både beteenden och kommunikationssätt. Låt oss därför titta lite närmare på vad som påverkar och hur det påverkar det vi kallar för personkemi.

Titta bakom beteendet

Även om du ibland har svårt att förstå någon annans beteende, kanske för att du själv skulle agera annorlunda i samma situation, försök att reflektera över deras motiv. Vad kan personen ha att vinna på sitt agerande? Tänk också på om det finns situationer där du själv skulle kunna använda samma beteende – och i så fall, vad skulle du hoppas uppnå med det?

Beteenden kan som tidigare sagts vara olika även om de har samma intention. Föreställ dig ett antal säljare som har intentionen "att sälja", vilket vore en rimlig intention för alla säljare eller hur? Hur kommer det sig då att dessa säljare agerar på olika sätt fast de har samma intention? Ingen säljare är lik den andra, men vissa säljare är mer lika än andra. Svaret på frågan är att bakom intentionen "att sälja" ligger ett antal värderingsstyrda beteenden, ett antal karaktäristiska drag hos respektive säljare och slutligen ett antal antaganden om respektive köpare. Lägg ihop dessa osynliga faktorer så har du förklaringen på varför varje enskild säljare beter sig som den gör.

Att observera människor är lite som att observera isberg. Vi ser det som är ovanför ytan men inte vad som finns under. Tyvärr har vi inte alltid, snarare mycket sällan, tillgång till all information om de bakomliggande faktorerna. Trots det kan vi vinna mycket på att bara inse att olika beteenden kan ha samma intention. Genom att känna till vad en person vill uppnå kan vi också förstå dennes beteende bättre.

Låt oss säga att fyra personer har samma intention, att följa föreskrivna regler på en arbetsplats. Den första personen, som har ett tydligt D-beteende, drivs av sin motivation att uppnå resultat och kontroll. Det beteende vi kan se är kraftfullt, utåtriktat och instruerande. Vissa kanske tycker att personen är för auktoritär när han påpekar för andra att de ska följa föreskrivna regler för att målen ska uppnås.

Den andra personen har ett tydligt I-beteende och drivs att sin motivation att vara omtyckt och accepterad av andra. Det uppvisade beteende är positivt och lite skämtsamt påvisande för andra att de kanske borde följa föreskrivna regler för att skapa och ha kvar en god stämning. Vissa kanske tycker att personen är lite för oseriös eftersom det inte verkar speciellt allvarligt menat.

98

Den tredje personen har ett tydligt S-beteende. Motivationen ligger i att behålla stabilitet i gruppen och undvika konfrontationer, vilket innebär att personen inte säger så mycket utan ser till att hjälpa andra att följa reglerna genom att täcka upp för dem som inte gör det. Vissa kanske inte ens märker att det är viktigt för personen att reglerna efterlevs.

Den fjärde personen uppvisar ett tydligt C-beteende och personens behov är att indirekt kontrollera att reglerna efterföljs. Motivationen ligger i att vara konstruktiv och korrekt, vilket personen med största sannolikhet är. Det indirekta sättet att påpeka att andra inte följer reglerna, till exempel genom att ta upp problemet med en auktoritet, kan av vissa tolkas som att personen är en "paragrafryttare" och att de blir baktalade av personen.

Människor kan således ha samma intention i en given situation, men samtidigt ha helt olika beteendemönster och kommunikationsstilar. Istället för att avfärda ett beteende som inte är likt ditt eget kan du istället söka intentionen bakom beteendet. Det kan ju till och med vara så att ni har samma intention fast era beteenden skiljer sig åt. Genom att lära dig att känna igen de tydliga kommunikativa tecknen i de olika beteendemönstren ger du både dig själv och andra en chans att interagera mer effektivt, utan att vara fördömande och avfärdande innan man verkligen vet vad som ligger bakom beteendet.

Att identifiera någon annans beteendemönster
Du kan använda två utgångspunkter för att snabbt identifiera någon annans beteendemönster. Det första du kan göra är att lägga märke till om personen är utåtriktad eller reserverad. När du gör det får du information om hur personen uppfattar sig själv i den givna situation. För att snabbt avgöra detta kan du ställa dig frågan: *Tar personen mycket plats genom att leda konversationen eller är personen mer tillbakadragen och lyssnar mer?*

Det andra du kan göra är att iaktta om personen är bedömande eller accepterande. Det ger dig information om hur personen uppfattar omgivningen. För att avgöra det kan du ställa dig frågan: *Är personen rationell och uppgiftsinriktad eller är personen känslomässigt hänsynstagande och relationsinriktad?* När du sedan kombinerar ihop den information du fått, kan du relativt enkelt och snabbt se och avgöra vilket typ av beteendemönster och kommunikationsstil någon använder just nu.

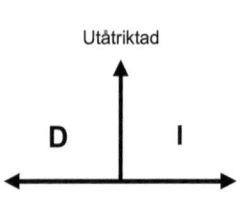

D- och I-beteenden tenderar att:

- Prata mer än lyssna
- Gestikulera mer
- Vara otåliga
- Uttrycka sina åsikter mer frekvent
- Leda och påverka andra

S- och C-beteenden tenderar att:

- Lyssna mer än prata
- Vara mindre uttrycksfulla
- Vara tålmodiga
- Vänta med att uttrycka åsikter
- Mer indirekt påverka andra

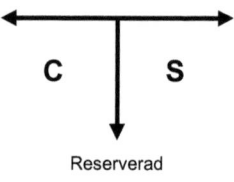

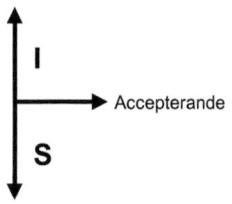

I- och S-beteenden tenderar att:

- Vara känslomässigt engagerade
- Vara informella
- Kommunicera känslobaserat
- Vara relationsinriktade
- Ha lättare för fysisk kontakt

D- och C-beteenden tenderar att:

- Mycket sparsamt uttrycka känslor
- Vara formella
- Kommunicera faktabaserat
- Vara uppgiftsinriktade
- Undvika fysisk kontakt

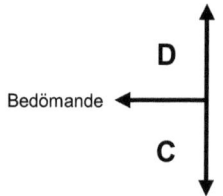

Så känner du igen ett D-beteende

Ett högt D-beteende kan ge sken av att kunna uppnå precis vad den vill. Tillsammans med andra blir personen, vad man ofta brukar kalla, en "naturlig ledare".

Eftersom D-beteenden är mycket resultatinriktade och ihärdiga för att nå sina mål, åstadkommer de ofta snabba resultat. Det finns också en risk att andras idéer, även om de är bra, blir sedda som hinder snarare än värdefulla insikter. En känd ledare lär någon gång ha sagt något i stil med "Människor är bara medel för att uppnå målen och ibland kommer de i vägen".

Tänk på en person du känner väl och kryssa i efterföljande beskrivningar för att avgöra om den uppvisar ett högt eller lågt D-beteende.

Högt

D

- [ ] Vill bestämma själv
- [ ] Tar initiativ
- [ ] Är beslutsam
- [ ] Agerar kraftfullt
- [ ] Tar snabba beslut
- [ ] Tar risker
- [ ] Gillar utmaningar
- [ ] Driver saker själv
- [ ] Är tävlingsinriktad
- [ ] Utgår från sin egen motivation
- [ ] Är pådrivande och kontrollerande
- [ ] Talar om som det är

Lågt

D

- [ ] Låter andra ta beslut
- [ ] Väntar in andra
- [ ] Är tveksam
- [ ] Agerar milt
- [ ] Tar långsamma beslut
- [ ] Vill ha säkerhet
- [ ] Vill inte ha press på sig
- [ ] Vill arbeta som stöd i bakgrunden
- [ ] Är samarbetsinriktad
- [ ] Tänker på hur andra vill ha det
- [ ] Är medlande
- [ ] Håller tillbaka åsikter

Kommunikationsstil

Generellt har D-beteenden en tendens att uppträda kraftfullt och professionellt. De pratar om resultat, mål och om vad som fungerar eller inte. Bestämda åsikter är mer en regel än ett undantag. Självklart finns det nyanser av ett D-beteende, vilket också innebär att en person kan uppvisa mer eller mindre starka tendenser av de karaktärsdrag som sammankopplas med denna typ av beteendemönster. När du läser följande beskrivningar, kom ihåg att dessa är karaktärsdrag. Det innebär inte att alla som uppvisar ett högt D-beteende exponerar alla karaktärsdrag samtidigt. Känner du igen ett flertal av dessa hos en person uppvisar den dock med största sannolikhet ett högt D-beteende.

Tänk på en person du känner väl och kryssa i efterföljande beskrivningar för att avgöra om personen kommunicerar som ett D-beteende.

Verbalt

D

- ☐ Uppgiftsinriktad kommunikation
- ☐ Generell och övergripande
- ☐ Rakt på sak
- ☐ Bestämt eller kategoriskt
- ☐ Resultatfokuserat
- ☐ Avklätt utan omskrivningar
- ☐ Rättframt
- ☐ Konstaterar mer än frågar

Tonläge

D

- ☐ Kraftfull ton
- ☐ Relativt konstant tonläge
- ☐ Utmanande eller provocerande
- ☐ Höjer rösten om någon försöker avbryta

Kroppsligt

D

- ☐ Fast handslag
- ☐ Påtaglig ögonkontakt
- ☐ Gester som förstärker påståenden
- ☐ Otålighet
- ☐ Kraftfulla gester och snabbt kroppsspråk

102

Förväntningar på andra

Människor som uppvisar höga D-beteenden tenderar att ha högre förväntningar på andra än på sig själva. Låt mig förklara. Den primära drivkraften innebär ofta att skaffa sig eller behålla kontroll i en situation, i syfte att uppnå personliga mål eller resultat. Det innebär att om personen bedömer att spelreglerna måste ändras för att uppnå de egna målen, så gör personen det. Det innebär i sin tur att de förväntningar och krav som personen ställt på andra helt plötsligt kan vara helt annorlunda. Föreskrivna förväntningar behöver alltså inte gälla dem själva, framförallt inte om de anser att "målen helgar medlen". Drivkrafterna och beteendemönstret formar också förväntningar på andras agerande. D-beteenden förväntar sig att andra:

- är uppgiftsinriktade och fokuserade på resultat
- delger relevant information, gärna på en gång
- påvisar vilka vinster en strategi eller idé kan medföra
- utnyttjar den tid de disponerar maximalt
- hanterar valmöjligheter och själva tar bästa möjliga beslut
- håller med om hans/hennes åsikter
- ger en övergripande bild av situationen
- är raka och tydliga med vad de vill
- inte ifrågasätter deras beslut
- skaffar de resurser de behöver för att nå sina mål
- tar sitt eget ansvar för vad de ska göra
- kan ta snabba beslut

Negativa D-beteenden

Du kan ganska snabbt se hur ett D-beteende går från att vara driftigt och kraftfullt till att bli stridslystet och burdust i en stressande situation. I en relation där de känner sig utnyttjade kommer ofta de negativa aspekterna fram. Bli inte förvånad om du blir hårt angripen av dem i syfte att uppnå personliga mål. Du blir ett hinder om du inte sköter dina kort rätt. De vinner gärna med dig, så länge de känner att spelreglerna är raka och tydliga. Upplever de däremot att de hindras från att nå sina egna mål kan energin vändas mot att vinna över dig, istället för med dig. Inte sällan agerar de aggressivt för att få sin vilja igenom och de kan mycket väl avsluta en relation för att de inte får som de vill.

Så känner du igen ett I-beteende

Ett högt I-beteende har ofta svårt att vara diplomatisk och hålla tillbaka sina känslor. Personer med höga I-beteenden är ofta lätta att identifiera just därför att deras ansiktsuttryck och tydliga kroppsspråk avslöjar dem.

Deras känslor, oavsett om det gäller glädje eller besvikelse, är ofta synliga och publika. De engagerar sig lätt och går lätt igång på spontana aktiviteter, ivriga att hoppa på nya saker som dyker upp. Med sina välutvecklade verbala färdigheter och sin positiva hållning har de en förmåga att påverka andra människor. De använder gärna sin kommunikativa övertalningsförmåga för att få andra att både acceptera och köpa in på deras idéer och åsikter.

Tänk på en person du känner väl och kryssa i efterföljande beskrivningar för att avgöra om den uppvisar ett högt eller lågt I-beteende.

Högt

I

- ☐ Är öppen och utåtriktad
- ☐ Motiverar andra
- ☐ Är uttrycksfull
- ☐ Övertygar andra
- ☐ Socialiserar gärna
- ☐ Är visionär
- ☐ Håller ett högt tempo
- ☐ Är mycket spontan
- ☐ Uttrycker lätt känslor
- ☐ Är förtroendeingivande
- ☐ Är direkt positiv
- ☐ Uttrycker sig subjektivt

Lågt

I

- ☐ Är sluten och icke verbal
- ☐ Är tillbakadragen
- ☐ Är tystlåten
- ☐ Uttrycker sig försiktigt
- ☐ Arbetar gärna själv
- ☐ Är detaljerad
- ☐ Är systematisk
- ☐ Överväger noga
- ☐ Visar inte sina känslor
- ☐ Är skeptisk
- ☐ Analyserar innan aktion
- ☐ Uttrycker sig objektivt

Kommunikationsstil

Människor som använder sitt I-beteende söker ofta kontakt och vill göra ett gott intryck genom att vara influerande och positiv. Ofta använder de sin verbala förmåga i alla möjliga sammanhang. De ger nästan alltid ett säkert intryck, men kan ibland tendera att sväva ut i sitt sätt att kommunicera. Även ett I-beteende har nyanser, vilket innebär att de kommunikativa tendenser som sammankopplas med denna typ av beteendemönster kan ha mer eller mindre stark intensitet. Kom ihåg att följande beskrivningar sällan eller aldrig till 100 % stämmer in på en person. Men sannolikt kan du säkert se en hel del av dem hos en person som uppvisar ett I-beteende. Med all säkerhet kan de också vara rätt tydliga eftersom denna typ av beteendemönster i allmänhet visar mycket av sig själva.

Verbalt

I

- [ ] Relationsinriktad kommunikation
- [ ] Subjektivt och övergripande
- [ ] Spontant och lättsamt
- [ ] Smidigt och anpassningsbart
- [ ] Målande med liknelser och metaforer
- [ ] Känslomässigt och uttrycksfullt
- [ ] Positivt
- [ ] Influerande

Tonläge

I

- [ ] Positivt och engagerat tonläge
- [ ] Varierat tonläge
- [ ] Uttrycksfullt
- [ ] Avbryter utifrån känsla.

Kroppsligt

I

- [ ] Inbjudande handslag
- [ ] Intensiv ögonkontakt
- [ ] Öppet kroppsspråk
- [ ] Yviga gester
- [ ] Känslomässiga ansiktsuttryck

Förväntningar på andra

Människor som uppvisar I-beteenden tenderar att ha ganska låga förväntningar på andra och på sig själva, eller rättare sagt så ser det så ut eftersom d4 sällan är uttrycker sig kravställande. Eftersom det primära är att knyta kontakter, påverka andra och skapa en positiv stämning, är att ställa krav inte "favoritgrenen". De kan själva behöva hjälp att konkretisera saker och synliggöra krav, både för dem själva och gentemot andra.

Trots en relativt låg kravbild har ett I-beteende självklart ändå förväntningar på andras agerande. Ofta är förväntningarna en spegelbild av personens eget agerande och allra starkaste behov. Förväntningarna kan också variera då ett I-beteendes behov ibland kan vara extremt situationsstyrt. I-beteenden förväntar sig att andra:

- vill bygga upp en lättsam stämning
- delger all information öppet och med inlevelse
- påvisar de positiva möjligheterna som finns
- kan vara flexibla med tider och agenda
- lyssnar till allt
- låter sig dras med i känslan
- inte behöver gå in på detaljer
- är smidiga i sin kommunikation
- gillar visionärt tänkande
- ger support till spontana idéer
- inte har något emot sociala aktiviteter utan uttalat syfte
- kan ta ett beslut utan behöva ha alla fakta

Negativa I-beteenden

En person med ett I-beteende ser ofta möjligheter och är positiv. I en stressad situation kan beteendet bli negativt i form av till exempel sarkasm. Ibland efterföljs sarkasmen av personangrepp på ett listigt sätt. Du kan bli subtilt eller direkt verbalt angripen om personen känner att du inte stödjer dennes åsikter. Om personen inte känner sig accepterad eller känner sig åsidosatt, kan det också hända att man får se en självömkande sida i ett försök att få uppmärksamhet av andra. Personer med detta beteendemönster vill gärna påverka och bidra. Men om de upplever att de inte får ditt stöd kan de utesluta dig och istället söka din ersättare bland andra. Medhåll och personlig uppskattning är viktigare än djupa långvariga relationer.

Så känner du igen ett S-beteende

Ett högt S-beteende har precis som ett högt I-beteende en stark fokus på relationer och människor. Den stora skillnaden är att ett S-beteende tenderar att ha en mer begränsande fokus när det gäller relationer.

Eftersom S-beteenden inte är särskilt utåtriktade tar de heller inte spontant kontakt med nya människor på samma sätt som ett I-beteende. Det är både lätt och svårt att se när personer uppvisar ett högt S-beteende. Det är lätt att se därför att de alltid är där och hjälper andra, men det är också svårt att se eftersom de ofta inte gör speciellt mycket väsen av sig.

Tänk på en person du känner väl och kryssa i efterföljande beskrivningar för att avgöra om den uppvisar ett högt eller lågt S-beteende.

Högt

S

- ☐ Är rutinmässig
- ☐ Är lugn och stabil
- ☐ Kommunicerar avvägt
- ☐ Är avslappnad och informell
- ☐ Stödjer andra
- ☐ Uttrycker sig pedagogiskt
- ☐ Håller ett lugnt tempo
- ☐ Arbetar gärna med en sak i taget
- ☐ Utgår från andras behov
- ☐ Vill samarbeta
- ☐ Uppträder lojalt
- ☐ Inväntar andras initiativ

Lågt

S

- ☐ Vill få saker gjorda direkt
- ☐ Talar mer än lyssnar
- ☐ Är mycket flexibel
- ☐ Agerar utifrån egenintresse
- ☐ Är oförutsägbar
- ☐ Är rastlös
- ☐ Är energisk
- ☐ Tar ingen hänsyn
- ☐ Är frispråkig
- ☐ Tycker grupparbete är bortkastad tid
- ☐ Tar ofta initiativ
- ☐ Visar sina egna behov

107

Kommunikationsstil

Personer som frekvent använder sitt S-beteende är ofta återhållsamma i sin kommunikation och tar sällan initiativet i en konversation. Däremot kan man uppmärksamma att de gärna lyssnar till det som andra har att säga. De är mycket lyhörda och duktiga på att både höra *vad* som sägs och *hur* det sägs. När ett S-beteende frågar "hur är det med dig?" finns ett genuint intresse. När det gäller att prata om sig själva är de dock mycket sparsamma. Även ett S-beteende har nyanser, vilket innebär att de kommunikativa tendenserna kan ha mer eller mindre stark intensitet. Kom ihåg att följande beskrivningar sällan eller aldrig helt och hållet stämmer in på en person. Ett S-beteende kan också vara svårt att uppfatta just eftersom det är så tystlåtet och följsamt. Då individer som har den typen av beteendemönster ofta är och vill bli betraktade som samarbetsvilliga på det sättet, kan man också se hur dessa personer anpassar sig och hellre avvaktar istället för att uttrycka en åsikt direkt.

Verbalt

S

- ☐ Avvaktande
- ☐ Bekräftande
- ☐ Lugnt
- ☐ Samtalande
- ☐ Opretentiöst
- ☐ Stödjande
- ☐ Vänligt
- ☐ Lyssnande

Tonläge

S

- ☐ Vänligt tonläge
- ☐ Milt
- ☐ Håller tillbaka känsloyttringar
- ☐ Talar med "små bokstäver"

Kroppsligt

S

- ☐ Avvaktar med handslag
- ☐ Måttlig ögonkontakt
- ☐ Bekräftande kroppsspråk
- ☐ Mjuka gester
- ☐ Bekräftande leenden

Förväntningar på andra

Människor som uppvisar S-beteenden tenderar att ha relativt höga förväntningar på sig själva, men drar sig för att uttrycka förväntningar på andra. Det är snarare så att de är mycket överseende med andras prestationer och kan till och med vara den som "räddar upp" andras misslyckande utan att själv söka erkännande för det.

Även om S-beteenden i allmänhet kan vara överseende, har de ändå ofta ganska tydliga förväntningar på hur de vill att andra agerar. Dessa förväntningar speglar S-beteendets egna starka behov av att vara empatisk, följsam och genuint bry sig om andra samt vara lojala. I de allra flesta fall uttrycks inte förväntningarna direkt utan kommuniceras genom frågor eller små hintar. S-beteenden förväntar sig att andra:

- är öppna och ärliga
- tycker att det är viktigt att vårda relationer
- är lojala och håller vad de lovar
- samarbetar när det är möjligt
- ger garantier och stöd
- inte är ytliga utan genuint intresserade av människor
- uppmärksammar andra människors behov
- är pedagogiska och går från det lätta till det svåra
- strävar efter att lösa konflikter genom att medla
- delger åsikter och synpunkter med respekt för andra
- förstår behovet av att ha rutiner
- delger mycket information innan man förändrar rutiner

Negativa S-beteenden

Ett S-beteende präglas ofta av trygghet och lugn. När negativa sidor av S-beteendet visar sig, tenderar personen att bli mer inåtvänd och eftergiven snarare än utåtagerande eller stridslysten, vilket kan göra dessa sidor svårare att upptäcka. Vid plötsliga eller oförutsedda förändringar kan personer med S-beteende uttrycka tyst motstånd genom att "knyta handen i fickan" och envist vägra att agera. I riktigt stressade situationer kan de bli självutplånande och ge upp, vilket ibland resulterar i att den vanligtvis lojala och uthålliga personen förlorar sin gnista. Eftersom S-beteenden helst undviker att stöta sig med andra, sker deras motstånd sällan öppet. Istället kan de använda indirekta metoder, ibland genom att låta andra agera åt dem för att undvika att själv behöva konfrontera situationen direkt.

Så känner du igen ett C-beteende

En person med ett högt C-beteende vet att den vet och vet vad den vet. C-beteenden fokuserar på noggrannhet och kvalitet och utarbetar ofta en strategi och vill följa "best practice" till punkt och pricka.

De gillar indirekt kontroll, det vill säga att hålla sig till föreskrivna regler och ramar. Eftersom en tydlig drivkraft ligger i att göra rätt avskyr de givetvis att göra fel. Ett C-beteende är direkt relaterat till förmågor såsom att analysera saker ur en kritisk synvinkel.

Tänk på en person du känner väl och kryssa i efterföljande beskrivningar för att avgöra om den uppvisar ett högt eller lågt C-beteende.

Högt

C

- ☐ Är mycket noggrann
- ☐ Tar ställning efter att vägt för och emot
- ☐ Uttrycker sig med exakthet
- ☐ Är diplomatisk i sitt sätt att uttrycka sig
- ☐ Arbetar gärna enskilt
- ☐ Är mycket organiserad
- ☐ Är driven av kvalitet
- ☐ Är starkt regelstyrd
- ☐ Infogar sig efter tydliga normer och regler
- ☐ Är försiktig och eftertänksam
- ☐ Uppträder konservativt och korrekt
- ☐ Tänker och detaljplanerar mycket innan genomförande

Lågt

C

- ☐ Struntar i regler och ramar
- ☐ Uttrycker sig med känsla
- ☐ Är spontan och inlevelsefull
- ☐ Kör över andra
- ☐ Hittar möjligheter utan att analysera
- ☐ Missar brister
- ☐ Letar okonventionella lösningar
- ☐ Är vårdslös och impulsiv
- ☐ Är våghalsig
- ☐ Utmanar regelverket
- ☐ Har detaljaversion
- ☐ Är öppen och personlig

Kommunikationsstil

Ett C-beteende är detaljerat och kärnfullt i sin kommunikation. Personer med denna preferens tar sällan initiativet i en konversation, utan samlar helst på sig fakta innan de uttrycker något. Däremot kan man lägga märke till att de kan prata länge och ingående om de har all information som de behöver för att diskutera något. Rationella och genomtänkta med en betoning på fakta kan sägas vara lite av deras paroll. Att fråga hur någon mår är mer en artighetsfras och förväntas egentligen inte resultera i något mer än "bra" enligt personer med C-beteenden. Även ett C-beteende har nyanser och de kommunikativa tendenser som sammankopplas med denna typ av beteendemönster kan ha olika intensitet. En reserverad stil, samt den logiska och genomtänkta konversationen är dock signifikanta kännetecken. Men kom ihåg att följande beskrivningar sällan eller aldrig helt och hållet stämmer in på en person.

Verbalt

C
- [ ] Frågande
- [ ] Rationellt
- [ ] Exakt
- [ ] Detaljerat
- [ ] Korrekt
- [ ] Korrigerande
- [ ] Analyserande

Tonläge

C
- [ ] Monotont tonläge
- [ ] Håller tillbaka känsloyttringar
- [ ] Självklart tonläge
- [ ] Politiskt korrekt

Kroppsligt

C
- [ ] Korrekt handslag
- [ ] Undviker ögonkontakt
- [ ] Sparsamt kroppsspråk
- [ ] Obefintliga gester
- [ ] Svårläst ansiktsuttryck

Förväntningar på andra

C-beteenden tenderar att ha mycket höga förväntningar, både på sig själva och på andra. Även om de inte alltid uttrycker sina krav öppet, kommunicerar de ofta sin höga standard genom noggrant formulerade argument och logisk bevisföring. De värdesätter struktur och kvalitet och söker förmedla varför saker bör göras på ett visst sätt, ofta med sakliga och rationella resonemang. Med tydliga "rätt och fel"-principer och en konkret kravbild förväntar sig ett C-beteende att andra håller samma höga standard. När andra inte levererar med samma omsorg eller agerar utan eftertanke kan detta vara extremt stressande för en person med C-beteende, särskilt eftersom de själva strävar efter att behålla ett lugnt och sakligt yttre. C-beteenden förväntar sig att andra:

- är diplomatiska och sakliga
- finner det mindre intressant att diskutera obekräftade saker
- gör exakt det som är föreskrivet
- lämnar ut all den information som behövs men inte mer än så
- delger både detaljer och hur helheten ser ut
- inte lägger alltför stor vikt vid relationer
- tänker efter innan de talar
- tar reda på och följer de ramar och regler som gäller
- är rationella och sakliga när det uppstår konflikter
- tar hänsyn till alla faktorer innan beslut tas
- förstår att noggrann planering är viktig innan man startar något
- uppskattar noggrannhet och punktlighet

Negativa C-beteenden

Ett C-beteende agerar ofta diplomatiskt och kommunicerar genomtänkt. Under stress blir inte sällan tonen pessimistiskt och undvikande. I regel blir C-beteenden stressade när de upplever bristande kvalitet och avsaknad av ramar. Då tenderar de att bli överkritiska eller felsökande. Ibland blir de reflexmässiga "nejsägare" som säger nej till allt. Det är inte heller ovanligt att de helt enkelt undviker det de upplever som stressande. Ett C-beteende vill upprätthålla standarder och kvalitet och kan därför under stress bli väldigt petig med ramar och regler. De följer för det mesta instruktioner ordagrant och har svårt att förstå att inte alla andra också gör det.

En hjälp att sortera i helhetsintrycket

Det är naturligtvis viktigt att vara medveten om att det inte går att lita blint på en teori utan att utvärdera om det kan finnas andra anledningar till det man noterar. Vi det här laget vet du att DISC är ett hjälpmedel som hjälper oss att sortera och förstå olika delar av en persons beteende, men det är inte en exakt teori som ger ofelbara svar. Till skillnad från en matematisk ekvation där en variabel ger ett exakt resultat, fungerar teorin bakom modellen mer som ett filter som stödjer oss i att urskilja olika tendenser i en individs helhetsintryck.

Det är viktigt att komma ihåg att detta sätt att urskilja beteenden inte ger en slutgiltig "sanning" om en person, utan snarare erbjuder ett sätt att navigera bland synliga preferenser som människor kan ha. Om vi förlitar oss för mycket på en viss teori kan vi lätt fastna i en bekräftelsebias, där vi enbart letar efter bevis som stöder våra förutfattade meningar. Genom att vara öppna för nya perspektiv och förmågan att ompröva våra observationer skapar vi en större objektivitet och träffsäkerhet i vår analys.

När vi använder DISC på detta sätt blir modellen ett verktyg för förståelse snarare än ett sätt att placera människor i fack. Genom att fokusera på att förstå andra – i stället för att döma dem – kan vi främja en mer tolerant och inkluderande miljö, där vi drar nytta av varandras olikheter istället för att låta dem bli en källa till konflikt.

I nästa kapitel ska vi utforska hur vi kan använda kunskapen för att förstå och skapa bättre interaktioner likheter och olikheter emellan.

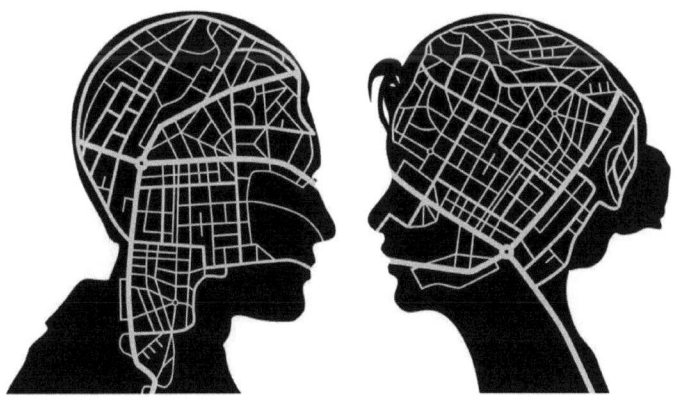

5. Att mötas eller inte mötas

När du läser en bok kan du ibland tänka: "Visst, det är lätt för dig att skriva så, men i verkligheten är det inte så enkelt." Det är en vanlig reaktion, särskilt på teoretiska modeller. Men DISC-modellen skiljer sig på ett avgörande sätt – den är faktiskt både enkel och applicerbar i de flesta situationer. Kanske är det just enkelheten som gör modellen så kraftfull och ofta finner vi att de mest effektiva lösningarna på komplexa problem är de enklaste.

Om vi ville förenkla det ännu mer, skulle vi kanske säga att människor kan delas in i två typer: de som ser glaset som halvfullt och de som ser det som halvtomt. En riktigt grov generalisering, förstås, men tanken är att det i vår förenkling ofta gömmer sig en nyanserad sanning om olika personlighetsdrag. DISC-modellen hjälper oss att förstå dessa nyanser, så vad sägs om att, med glimten i ögat, låta de fyra DISC-stilarna besvara frågan: *Är glaset halvfullt eller halvtomt?*

D-beteendet skulle svara: "Halvfullt eller halvtomt? Det är inte poängen. Problemet är att du har fel glas. Skaffa ett mindre glas, så är det fullt!"

I-beteendet skulle glatt säga: "Spelar väl ingen roll! Det är ju något i glaset – låt oss skåla och njuta av det som finns!"

S-beteendet skulle säga: "Hmm, vad tycker ni andra? Kanske kan vi ta ett beslut tillsammans? Känns ju lite osäkert att avgöra det här själv ..."

C-beteendet skulle nog höja ett ögonbryn och svara: "Enligt mina beräkningar är glaset varken halvfullt eller halvtomt. Med tanke på att botten är smalare än toppen, är det faktiskt exakt 0,14 cl mindre än hälften."

Hur vi än vrider och vänder på föregående exempel kan vi inte säga att någon av reaktionerna är rätt eller fel. Men en annan tolkning än vår egen kan tyckas vara fel, framförallt när vi själva anser att vår reaktion är den rätta.

Jag tror att de flesta av oss kan skriva under på att alla interaktioner inte känns lika naturliga och alla blir heller inte lika bra. Ofta gör vi förenklade bedömningar av varför vårt möte med någon annan gick bra eller dåligt. Vår uppfattning om varför det gick bra eller dåligt eller vem som är lätt eller svår att förstå är förstås högst subjektiv, men många gånger också präglad av vårt eget sätt att kommunicera.

Det är viktigt att komma ihåg att när vi möter någon som kommunicerar på ett annat sätt än vad vi själva gör, så tenderar vi att:

- ha svårare att få en bra kontakt
- lättare missförstå personen
- ha svårare att påverka personen
- lättare reta upp oss på personens beteenden
- försöka övertyga den andre om vad som är "rätt" och "fel"

Låt oss nu till sist erkänna att vi alla har stunder när det känns svårt att förstå och acceptera vissa människor. Men det positiva är att vi ständigt omges av "träningsarenor" – vardagliga situationer där vi kan stärka vår förmåga att förstå, acceptera och lära oss av varandras likheter och olikheter. Varje dag, både på arbetet och på fritiden, möter vi nya tillfällen att reflektera över vad som gör att vi ibland klickar direkt med någon, medan vi andra gånger verkar tala två helt olika språk.

I detta kapitel delar jag en personlig upplevelse som illustrerar hur människor agerar och kommunicerar på olika sätt i samma situation, för att visa hur tydligt våra beteendemönster kan framträda. Efter berättelsen får du reflekterande frågor som hjälper dig att tänka över olika beteendemönster och inspirerar till nya insikter. Avslutningsvis går vi igenom hur dessa mönster samverkar och hur personlighetstyper påverkar personkemi – eller ibland bristen på den – i mötet med varandra.

När teorin blir verklighet

För ett antal år sen åkte jag in till ett sjukhus för att göra en artroskopi, eller "titthålsoperation" som det populärt kallas, på mitt högra knä. Med ett högt C-beteende åkte jag tidigt in med taxi för att garantera att komma i tid. Precis när jag kommer innanför dörren till väntrummet möts jag av en trallande kvinna i vit rock, vi kan kalla henne **I**ngrid med stort I.

– "Hej, hej" säger hon glatt och ler i förbifarten. "Hej, hej" hinner jag precis säga innan hon raskt försvinner ut genom nästa dörr. Efter en stund kommer en ny kvinna i vit rock in genom dörren, vi kan kalla henne **S**ara med stort S. Hon stannar till, samtidigt som hon leende och lite försiktigt säger:

– "God morgon".

Jag svarar "God morgon" och hon går vidare. Några minuter senare kommer ytterligare en annan kvinna in, vi kan kalla henne **C**arin med stort C (ja du börjar kanske förstå vart jag vill komma med dessa namn).

– "God morgon, du är lite tidig" säger hon.

– "God morgon" svarar jag och säger "ja man vet ju aldrig med trafiken". Hon tittar lite på mig, nickar och hummar med, går sedan vidare. Efter en stund får jag komma in i operationssalen och där visar det sig att dessa tre kvinnor plus en man, som jag ännu inte träffat, är det team som ska genomföra artroskopin.

När jag kommer in i operationssalen så får jag lägga mig på britsen och läkaren kommer in. Låt oss kalla honom **S**ven-**C**laes med stort S och C (ja jag vet att det låter som ett konstigt namn, men du vet vart jag vill komma).

– "God morgon" säger Sven-Claes och sätter sig ned bredvid mig. –"Det gällde ditt knä ja. Det är jag och operationssköterska Carin som kommer att genomföra artroskopin och du kommer ju att få se hela operationen om du vill." säger Sven-Claes. Jag pratar en stund med honom och han förklarar proceduren i stort. Efter denna stunds konversation lämnar Sven-Claes rummet och Carin börjar tvätta mitt knä med bakteriedödande tvål. Under tiden Carin tvättar mitt knä inleder jag en konversation med henne och säger:

– "Det var värst vad noga det är nuförtiden."

– "Vad menar du då?" säger Carin.

– "Jo, det här med att man inte får ha minsta plita eller dylikt på knäet eller ens i närheten av operationsområdet ..."

– "Så har det alltid varit" säger Carin.

– "Fast för 14 år sedan när jag gjorde min första artroskopi så fick jag inte direktiv att tvätta knäet med Descutan redan kvällen innan och på morgonen innan operationen. Inte heller att operationen kunde ställas in om man hade en plita på knäet."

– "Jaså?" säger Carin. "Var genomfördes den operationen?"

– "I Östersund" svarar jag, varpå hon säger: "Jaha, vi har då **alltid** haft de reglerna här".

– "Okej", säger jag.

Efter en stund kommer Sven-Claes in och berättar för mig att jag ska få lokalbedövning. Bedövningen ges och jag blir tillsagd att ligga och vänta i 30 minuter. Under tiden kommer Sara och Ingrid in. De pratar med varandra och av allt att döma kan jag gissa att Sara nyligen börjat på avdelningen. Sara frågar Ingrid en hel del om praktiska saker, till exempel var alla grejer finns och i vilken ordning saker ska göras. Ingrid pratar snabbt, på ett lätt och ledigt sätt och säger att det är bara att göra saker och ting i den ordning som känns bäst för henne, bara hon gör allt hon ska göra.

Efter 30 minuter skjutsas jag in i ett annat rum där själva operationen ska genomföras. Jag blir liggande i några minuter ensam, sen kommer Ingrid in igen. Hon säger glatt och skämtsamt:

– "Jaha, det är måndag och nu ska vi hälla upp sprrriiiten." Hon refererar förstås till den rengöringssprit som de strax innan operationen ska tvätta knäet med ytterligare en gång. Strax efter kommer Sara in och frågar vad hon ska göra. Ingrid svarar:

– "Du kan börja med att ..." och talar om vilka saker hon ska göra. Sara sätter igång med det hon blivit tillsagd att göra och medan hon håller på att ställa i ordning saker och ting kommer Carin in och säger:

– "Jaha och vad gör vi här då?" Sara svarar att Ingrid sagt att hon ska göra det hon just håller på med, varpå Carin i lugn ton säger:

– "Mm … man kan göra på lite olika sätt men jag föredrar att man gör det på rätt sätt redan från början, så att jag slipper göra om det." Sara tvekar, men säger ingenting utan avvaktar. Ingrid säger heller ingenting utan går bara ut till det andra rummet.

Operationen genomförs och under operationen så har jag (av uppenbara skäl) inte så mycket fokus på de olika individernas sätt att agera. Sven-Claes förklarar vad han gör och jag ser allt på en TV-skärm. Han och Carin pratar i medicinska termer om hur det ser ut i knäet samt vad de ska göra. Samtidigt förklarar Sven-Claes för mig på ett mer förståeligt språk vad de gör och vilka skadorna är. Vid en tidpunkt under själva operationen så upplever jag en del smärta och mitt ansikte vitnar lite. Sara är då framme och lägger sin hand på min axel och frågar hur det känns. Ingrid uppmuntrar mig genom att säga att jag är duktig och att det snart är över.

När operationen är över lämnar Sven-Claes rummet och säger att vi kommer att ses om en stund. Carin berättar, medan hon sätter bandage, om hur viktigt det är att jag behåller benet i högläge under de första dagarna och att jag bör ta taxi hem och var telefonen med direktnummer till taxi finns. Hon poängterar gång på gång hur viktigt det är att under de första dagarna göra rätt så att läkningen sker på bästa sätt. Hon talar också om att många gör fel och belastar knäet alldeles för tidigt efter en operation. Det sista hon, lite skämtsamt, säger innan jag ska få gå ut i väntrummet och äta en smörgås är:

– "Jag ser att du är hårig på benen. Jag kommer att sätta på en tejp här och då innebär det att du kommer att vara något mindre hårig när du sedan drar bort den."

När jag ska ställa mig upp för att ta mig till väntrummet kommer Sara fram och frågar hur jag känner mig. Hon tar min arm och leder mig ut i väntrummet. Där ute frågar hon mig hur det kändes och hur det känns nu. Jag svarar att det känns okej. Hon förklarar sedan, medan hon tar fram kaffe och en smörgås, att hon är ny på avdelningen och att det är jättespännande att lära sig och få vara med på dessa operationer. I samma veva kommer Ingrid in och frågar glatt hur jag mår. Jag svarar att jag mår bra och hon nickar och säger att jag varit duktig. Efter en stund blir jag lämnad ensam med min smörgås och mitt kaffe, men ganska snart kommer Sven-Claes in. Han visar detaljerat på en modell av ett knä var mina skador satt och vad de gjort. Han lämnar också en skriftlig redogörelse av vad de gjort och säger att jag kan lämna den till sjukgymnasten. På papperet har han även för hand ritat en skiss av knäet för att komplettera texten. Vi pratar en stund och han lyssnar på vad jag har att säga och avslutar med att han tror att jag kommer att bli helt bra.

Kort reflektion:

1. Vilka primära beteendemönster uppvisar dessa personer och vilka indikationer i deras beteenden har du som stödjer din teori?

2. Vilka tror du har bäst personkemi och varför?

3. Har du personer i din närhet som är väldigt tydliga i sina beteende-preferenser, i så fall hur visar det sig?

Kommunikativa likheter och olikheter

Det finns så mycket vi kan reta oss på hos andra människor – och ännu mer som vi kanske skulle vilja ändra på. Men det är ju om vi enbart ser saker från vårt eget perspektiv och våra egna behov. Sanningen är att vi knappast kommer att förändra någon genom att ogilla deras sätt att vara eller agera. De flesta relationsproblem, vare sig det gäller arbetsplatsen, hemmet eller vänner, bottnar i olikheter i våra värderingar. Och vi kommer alltid att ha våra egna värderingar, som ibland skiljer sig från andras.

För att förstå en annan persons värderingar behöver vi kommunicera. Ju mer olika vi är i vårt sätt att kommunicera, desto svårare har vi att acceptera och förstå en annan persons värderingar. Om vi ska ha en ärlig chans att förstå eller påverka en annan person, behöver vi förstå den andres sätt att kommunicera och samtidigt vara medveten om hur vi uppfattar det sättet att kommunicera. Först då kan vi verkligen lyssna på och förstå den andres värderingar, utan att direkt förkasta dem om de inte stämmer överens med våra egna.

Vi tolkar det vi uppfattar

I den tidigare redovisade historien finns det en risk att de olika sätten att kommunicera eventuellt kan leda till en del missförstånd. Det är till exempel inte helt lätt för en person som kommunicerar utifrån ett högt C att förstå en person som i samma situation kommunicerar med ett högt I. Inte för att de talar olika språk, utan för att deras olika sätt att uttrycka sig kan störa tolkningen av vad som sägs. Den kommunikationspreferens vi själva har är vanligtvis också den som faller oss bäst i smaken. Det innebär att vi då och då har helt olika syn på det som sägs.

Precis som vi kan uppfatta kontraster med våra ögon kan vi också uppfatta olikheter i människors olika beteenden. Våra ögon väljer dock inte att uppfatta kontraster, det bara händer. Två människor med olika kommunikationspreferenser väljer inte reta sig på varandra, det bara händer. Om operationssköterskan Carin värdesätter ordning och reda behöver detta inte vara ett problem för Ingrid, som förmodligen håller med. Problemet uppstår först när Ingrid upplever Carins påpekande som arrogant snarare än sakligt. Det är förstås lättare att reta sig på ett arrogant uttalande än ett sakligt. Huruvida påpekandet verkligen är arrogant eller sakligt ligger i både sändarens och mottagarens tolkning. Och tolkningar gott folk … de är alltid subjektiva.

121

Jag kommunicerar:
bestämt, direkt, ansvars-
tagande, effektivt, tydligt

Jag uppfattar dig som:
kategorisk, burdus, auktori-
tär, onyanserad, arrogant

Jag kommunicerar:
positivt, entusiastiskt, lättsamt,
övertalande, inspirerande

Jag uppfattar dig som:
Orealistisk, klämkäck, sar-
kastisk, oseriös, manipule-
rande

Jag kommunicerar:
ödmjukt, vänligt, empatiskt,
bekräftande, pedagogiskt

Jag uppfattar dig som:
vek, initiativlös, överbeskyd-
dande, konflikträdd, passiv

Jag kommunicerar:
Genomtänkt, rationellt, detalje-
rat, korrekt, faktabaserat

Jag uppfattar dig som:
Paragrafryttare, opersonlig,
petig, negativ, okänslig

Kommunikativ komfortzon och barriär

När människor interagerar och kommunicerar med varandra existerar något vi skulle kunna kalla för en kommunikativ komfortzon. Vår kommunikativa komfortzon innehåller en mer eller mindre stor kommunikationsbarriär. Kommunikationsbarriärens storlek beror på hur mycket vårt eget kommunikations- och beteendemönster skiljer sig från den vi pratar med. Ju fler kommunikativa faktorer som skiljer sig åt, desto större risk är det att en stor kommunikativ barriär uppstår.

Låt oss ta en närmare titt på hur olika stilar interagerar med varandra och vilken typ av kommunikativa barriärer som kan uppstå mellan de olika stilarna. Kom ihåg att dessa beskrivningar är kopplade till de olika stilarna i ett första möte. Ju närmare personer lär känna varandra, desto större sannolikhet är det att de kan acceptera varandras olikheter. Men var också uppmärksam på att de kommunikativa barriärerna som finns vid ett första möte kan generera så stora problem att personerna aldrig lär känna varandra, i synnerhet inte om de saknar förståelse för människors olika sätt att kommunicera.

Jag vill också påminna om att vi under dessa rubriker endast fokuserar på kommunikationen och det behovsstyrda beteendet. Många kommunikativa murar byggs upp av helt andra saker som exempelvis olika värderingar, kompetens, erfarenhet och övertygelser. Den kommunikativa komfortzon vi fokuserar på i dessa stycken härleds endast till olikheter och likheter i kommunikationsstil. Och till sist, "höga" beteenden betyder att beteendet är mycket starkt framträdande – tro inget annat ☺

När två höga D-beteenden interagerar med varandra

D-beteenden gillar utmaningar och vill ha kontroll över situationen. Två D-beteenden som förstår och accepterar varandras behov får ofta saker gjorda på ett snabbt och effektivt sätt. Risken finns att de båda vill bestämma själva och därmed inte utnyttjar sin energi på rätt sätt. Kommunikationen blir antagligen både högljudd och snabb. Eftersom de inte är rädda för att konfrontera varandras åsikter, är det inte helt omöjligt att de också ofta hamnar i argumentationer. Denna interaktion har relativt små språkliga barriärer och en medelgod kommunikativ komfortzon. Om du frågar dem vad de tycker bygger störst hinder i deras kommunikation skulle de kanske svara: *"Att inte få bestämma allt själv. Det blir lätt konfrontationer och vi hindrar varandra, bara för att vi båda vill bestämma."*

  Komfortzon: ++++

  Barriär – –

När två höga I-beteenden interagerar med varandra

När I-beteenden kommunicerar med varandra har de ofta långa och livliga konversationer. Två I-beteenden som interagerar har en förkärlek till att prata och se optimistiskt på saker och ting. Det innebär att de ofta har roligt tillsammans. De kan prata om allt, är öppna och kommunicerar gärna och mycket. Ibland kan det till och med bli för mycket och för roligt, vilket i sin tur innebär "mycket snack och liten verkstad". Båda försöker antagligen stå i centrum och de kan "stjäla scenen" av varandra och därmed också bli dåliga lyssnare. Troligtvis kommer ingen av dem att konfrontera den andre i frågan, utan försöker hellre ta mer plats själv. Denna interaktion har små språkliga barriärer och mycket god kommunikativ komfortzon. Om du frågar dem vad de tycker bygger störst hinder i deras kommunikation skulle de kanske svara: *"Att lyssna på varandra utan att själv få vara den som leder konversationen. Vi vill ju prata mycket båda två."*

  Komfortzon: ++++

Barriär –

124

När två höga S-beteenden interagerar med varandra

När S-beteenden kommunicerar gör de det genom att vara informella och vänliga mot varandra. De lyssnar noggrant och inkännande. Ingen av dem tar speciellt stor kommunikativ plats. Det är viktigt att visa förståelse för den andre. Kommunikationen innehåller sannolikt en del tystnad. Inte en obehaglig sådan, utan snarare som en naturlig del för att reflektera över det som sagts. Tempot är relativt lågt och båda två är mycket inlyssnande, artiga och varsamma. Eftersom de gärna inte uttrycker sina egna behov finns det en risk att det saknas initiativtagande. Det kan innebära att de egentligen inte kommer fram till det de vill. Denna interaktion har små språkliga barriärer och mycket god kommunikativ komfortzon. Om du frågar dem vad de tycker bygger störst hinder i deras kommunikation skulle de kanske svara: *"Att driva på kommunikationen. Vi vill ju båda gärna prata mindre och lyssna mer. Ingen av oss är heller särskilt villiga att uttrycka de egna behoven utan hoppas att den andre ska förstå ändå."*

 Komfortzon: ++++

 Barriär –

När två höga C-beteenden interagerar med varandra

C-beteenden kommunicerar utifrån fakta och analys. De uppträder korrekt och diplomatiskt mot varandra. Eftersom båda är måna om att hålla sig till sak och en redan fastslagen agenda blir dialogen effektiv och genomtänkt utifrån kommunikationens syfte. Kommunikationen är opersonlig, men saklig, vilket de båda trivs med. De eventuella problem som kan uppstå har sin grund i viljan att ha rätt. Vid oenighet kommer de båda att strida för sin åsikt, men under mycket diplomatiska premisser. Denna interaktion har små språkliga barriärer och mycket god kommunikativ komfortzon. Om du frågar dem vad de tycker bygger störst hinder i deras kommunikation skulle de kanske svara: *"Att medge att den andre kanske har rätt när vi tycker olika. Vi har ju båda ett behov av att vara genomtänkta, exakta och korrekta."*

 Komfortzon: ++++

 Barriär –

125

När ett högt D-beteende interagerar med ett högt I-beteende

Både ett I-beteende och ett D-beteende är direkta och har ett högt tempo. De är vanligtvis öppna för förändringar och är risktagande. Ett D-beteende vill dock helst vara direkt och rakt på sak medan I-beteendet gärna lägger ut texten. Ett I-beteende kan vilja uttrycka känslor och fokusera på människor, medan D-beteendet har resultat som främsta fokus. Det som bygger upp språkliga barriärer är framför allt skillnaden mellan det sakliga D-beteendets sätt att kommunicera, till skillnad från det känslostyrda kommunikationssättet hos I-beteendet. Denna interaktion har relativt små språkliga barriärer och god kommunikativ komfortzon. Om du frågar D-beteendet vad den tycker bygger störst hinder i deras kommunikation skulle svaret kanske bli: *"Att behöva lyssna på allt prat när jag vet att jag har lösningen och vill komma till handling direkt."* Om du ställer samma fråga till I-beteendet blir svaret kanske: *"Att behöva uttrycka mig kortfattat och låta mig bli påverkad av någon som verkar ganska vilja bestämma allt själv."*

 Komfortzon: ++++

 Barriär – –

När ett högt D-beteende interagerar med ett högt S-beteende

Stabilitet och relationer är viktigt för ett S-beteende. Förändring och resultat är starka drivkrafter hos ett D-beteende. Med dessa utgångspunkter, plus temposkillnaden, kan man anta att kommunikationen kan bli ansträngd. Ett S-beteende stänger inne känslor. Det passar dock ett D-beteende bra som inte är speciellt intresserad av att prata om hur människor känner sig. Problemet är att ett S-beteende kan göra tyst motstånd, framförallt om D-beteendet uppfattas som alltför självviskt. Det finns en stor risk att ett S-beteende underkastar sig D-beteendets sätt, vilket gör att D-beteendet uppfattar S-beteendet som kraftlöst. Kommunikationen kan bli ensidigt styrande. Det finns stora språkliga barriärer och relativt liten kommunikativ komfortzon. Om du frågar D-beteendet vad som bygger störst hinder i deras kommunikation skulle svaret kanske bli: *"Att inte gå fram så snabbt som jag vill, utan behöva vänta in och reflektera för att något ska hända."* S-beteendet skulle däremot kanske svara: *"Att gå fram snabbt utan att det finns någon trygghet bakom det som presenteras."*

 Komfortzon: +++

 Barriär – – –

När ett högt D-beteende interagerar med ett högt C-beteende

Ett C-beteende är mycket noggrant med att uppträda korrekt och återge detaljer. Ibland så detaljerat och noggrant att det blir svårt att "se skogen för alla träd". I interaktion med ett D-beteende blir det inte sällan konflikt eftersom D-beteendet saknar tålamod att vänta in långa detaljerade beskrivningar. Med målet i sikte finns det en stor risk att D-beteendet anser att C-beteendet sätter käppar i hjulet med sitt sinne för detaljer. Både D- och C-beteenden har fokus på uppgiften, men den stora skillnaden är vägen till målet. Med en önskan om att sätta tydliga ramar och undvika risker går C-beteendets drivkrafter i rak motsats till D-beteendets fokus som snarare tänker att målen helgar medlen. Denna attityd kan av ett C-beteende uppfattas som synnerligen huvudlöst. Interaktionen har stora språkliga barriärer och en liten komfortzon. Om du frågar D-beteendet vad den tycker bygger störst hinder i deras kommunikation skulle svaret kanske bli: *"Att orka lyssna på alla detaljer och analyser innan vi praktiskt kan genomföra något."* Om du ställer samma fråga till C-beteendet blir svaret kanske: *"Att diskutera mål utan att säkerställa rätt väg framåt, samt vilka eventuella hinder som kan komma upp och hur vi ska lösa dem."*

 Komfortzon: ++

 Barriär – – – –

När ett högt I-beteende interagerar med ett högt S-beteende

Ett I-beteende uppskattar en interaktion med ett S-beteende på många sätt. Framförallt är båda beteendemönstren relationsinriktade och intresserade av att konversera på ett relationsmässigt plan. S-beteendet vill känna trygghet och tillit i konversationen. För ett I-beteende kan den typen av behov ses som något överdrivet, då den själv inte behöver samma garantier eller trygghet. I-beteendet eftersöker flexibilitet och spontanitet, vilket S-beteendet har svårt att ge. Men de är båda i första hand intresserade av att skapa och bibehålla goda relationer. De har små språkliga barriärer och god kommunikativ komfortzon. Om du frågar I-beteendet vad den tycker bygger störst hinder i deras kommunikation skulle svaret kanske bli: *"Att behöva konfirmera allt som sägs."* Om du ställer samma fråga till S-beteendet blir svaret kanske: *"Att hänga med i alla snabba associationer och impulsiva idéer."*

 Komfortzon: ++++

 Barriär –

När ett högt I-beteende interagerar med ett högt C-beteende

Ett C-beteende kan inte förstå hur någon kan öppna munnen och säga något utan att veta vad den ska säga. Ett I-beteende gör ofta det. Med ett I-beteendes förkärlek till att vara spontan och ett C-beteendes vilja att vara genomtänkt, finns det en stor risk att ett möte mellan dessa två typer av beteendemönster resulterar i många missförstånd. Ett C-beteende går in med inställningen "vad finns det som styrker detta?" och ett I-beteende med inställningen "vad är det som säger att det inte skulle fungera?" Dessa två utgångspunkter plus en stor temposkillnad skapar relativt svaga förutsättningar för en kommunikativ förståelse. Det finns också en problematik när det gäller personlig öppenhet. C-beteendet vill inte diskutera personliga saker medan I-beteendet ofta är genuint intresserad av personliga saker. Denna interaktion har stora språkliga barriärer och relativt liten komfortzon. Om du frågar I-beteendet vad den tycker bygger störst hinder i deras kommunikation skulle svaret kanske bli: *"Att behöva analysera och noggrant granska allt i detalj."* Om du ställer samma fråga till C-beteendet blir svaret kanske: *"Att hela tiden behöva bjuda på sig själv och svara på personliga frågor."*

 Komfortzon: ++

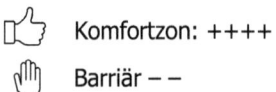 Barriär – – – –

När ett högt S-beteende interagerar med ett högt C-beteende

Både ett C-beteende och ett S-beteende gillar att ha procedurer och ramar att följa, så även i kommunikationen. Båda stilarna är artiga och diplomatiska i sitt sätt att kommunicera. Den stora skillnaden är att ett C-beteende mest är intresserad av fakta och uppgifter, medan S-beteendet tenderar att vara mer fokuserad på relationen människor emellan. Båda strävar dock efter att vara genomtänkta och inte säga något som de inte kan stå för, vilket sannolikt gör att de har ganska lätt för att kommunicera och förstå varandra. Denna interaktion har små språkliga barriärer och god kommunikativ komfortzon. Om du frågar S-beteendet vad som bygger störst hinder i deras kommunikation skulle svaret kanske bli: *"Att lägga den mänskliga aspekten åt sidan."* Om du ställer samma fråga till C-beteendet blir svaret kanske: *"Att behöva diskutera den relationsmässiga aspekten på en uppgift."*

 Komfortzon: ++++

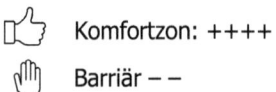 Barriär – –

128

Möt varandra där ni är

Kommunikation är en mångfacetterad process som påverkas av en rad olika faktorer. Att reducera människors beteendemönster till endimensionella kategorier är såklart inte en rättvisande bild och löser inte alla kommunikativa problem. DISC-modellen är användbar som en grundläggande struktur för att förstå olika beteendestilar och därmed hjälpa oss att förstå de mest elementära skillnaderna i vår kommunikation, men det är viktigt att komma ihåg att människor är komplexa och inte kan reduceras till enkla etiketter.

För att effektivt kommunicera med andra är det avgörande att vi, förutom uppmärksammar en individs stil, också tar hänsyn till en rad faktorer. Till exempel kan kulturella skillnader, tidigare erfarenheter och individuella personligheter påverka hur vi ska anpassa våra kommunikationsstilar. Det är viktigt att vara medveten om att varje individ är unik och kan svara bäst på olika strategier.

Kom ihåg att kommunikation är en dynamisk, pågående process. Nyckeln till framgångsrik kommunikation ligger i vår förmåga att anpassa vårt tillvägagångssätt och att vara flexibla. Genom att förstå de grundläggande principerna och samtidigt vara öppna för att möta varje situation med nyfikenhet och anpassning, bygger vi en stark grund för att bättre påverka och förstå andra människor.

Kort reflektion:

1. Vilka kommunikativa barriärer har du upptäckt i din vardag?

2. Vilka problem har du upplevt på grund av kommunikativa barriärer?

3. Hur har du försökt överbrygga dina kommunikativa barriärer med andra?

6. Påverka på rätt sätt

De flesta av oss befinner oss dagligen i situationer där vi behöver eller vill påverka andra människor. En säljare vill påverka kunden att köpa de varor som presenteras, en lärare vill få elever att lyssna och lära sig, en chef vill få sina anställda att göra ett gott arbete, en läkare vill få patienterna att känna att de befinner sig i trygga händer och så vidare.

Alla har vi också våra påverkansstrategier som vi dagligen använder. Ibland fungerar de alldeles utmärkt, andra gånger når vi inte riktigt fram. En nyckel till framgång är givetvis att förstå det sätt en person accepterar att bli påverkad på. För att du framgångsrikt ska kunna påverka människor är första steget att byta ut den Gyllene regeln, *"Bemöt andra som du själv vill bli bemött"*, till den så kallade Platinaregeln, *"Bemöt andra som de själva vill bli bemötta."* I detta kapitel ska du få ta del av kommunikativa och beteendemässiga nycklar som kan hjälpa dig att skapa effektfulla strategier för att påverka olika typer av individer.

Grundläggande principer

Att bemöta alla som du själv vill bli bemött har ett inbyggt problem eftersom alla inte är som du är. De flesta av oss drar slutsatser om vad andra gillar eller ogillar utifrån vårt eget perspektiv. Tyvärr är det inte alls så enkelt. Faktorer som är motiverande för en person, kan mycket väl göra någon annan omotiverad.

Den Gyllene Regeln *"Bemöt andra som du själv vill bli bemött."* låter kanske som sunt förnuft, men är det verkligen det? Inte om man bara tar innebörden av regeln och följer den slaviskt. Ska vi vara riktigt ärliga så finns det nog ingen som vill bli bemött på exakt samma sätt som du i varje situation. När du tycker att du är riktigt pedagogisk tycker någon annan att du är obegriplig. Om du upplever dig illa behandlad tycker någon annan att det inte var så farligt. Vi kan ganska snabbt konstatera att det inte handlar om att bemöta andra som du själv vill bli bemött, utan snarare bemöta andra som de själva vill bli bemötta. Men andemeningen i *Den Gyllene Regeln* är fullt användbar eftersom den i praktiken handlar om att bemöta människor utifrån tre viktiga grundprinciper; *respekt, acceptans* och *ärlighet*. Dessa tre grundprinciper skapar förutsättningar för dig att utgå från den så kallade *Platinaregeln – att bemöta andra som de själva vill bli bemötta*. Låt mig därför, innan jag går in på Platinaregeln, förklara dessa tre grundprinciper lite mer ingående.

Respekt

Du har säkert hört människor säga att respekt är något man förtjänar. Det är delvis sant, men tänk om alla gick omkring och avvaktade tills de ansåg att andra hade förtjänat att visas respekt. Hur skulle det se ut? För det första har människor olika uppfattning om när någon annan förtjänar respekt vilket skulle medföra mycket konstiga relationer människor emellan. För det andra skulle vi troligtvis ha mycket svårt att kommunicera med varandra eftersom vi skulle gå och avvakta tills vi tyckte att andra var värda att visas respekt. För det tredje skulle våra relationer med andra vara ganska absurda och svårhanterliga på grund av att ett respektfullt uppträdande skulle föregås av ett respektlöst uppträdande.

Respekt eller respektlöshet uttrycks genom vår kommunikation. Viss verbal kommunikation och vissa kroppsliga uttryck uppfattas av andra som respektlösa. Att sucka, titta åt ett annat håll eller himla med ögonen är exempel på tydliga kroppsliga signaler som de allra flesta uppfattar som respektlösa. Att ständigt avbryta någon annan när den pratar är att visa tydlig verbal respektlöshet. De flesta människor tycker att du visar respekt när du lyssnar på dem. Att lyssna innebär inte att du själv inte får prata. Det innebär att du verkligen hör och visar att du förstår vad den andre uttrycker. Lyssnandet är ett sätt att dels bekräfta personen som talar, dels att indikera att det som sägs är värdefullt. När du lyssnar sänder du också signaler, mimik, kroppsspråk, och så vidare, till den som pratar.

Respekt bygger alltså till stor del på att människor lyssnar på varandra. Kanske lyssnar människor alldeles för sällan för att förstå varandra och alldeles för ofta i avsikt att replikera. Om du fokuserar på dig själv och inte är beredd att ta del i vad andra säger uppfattas du ofta som respektlös. Det gör i sin tur att andra väljer att vara mindre kommunikativa. Om du däremot anstränger dig för att verkligen lyssna utvecklar du tillit och respekt i dina kommunikativa relationer.

Acceptans

"Ge mig sinnesro att acceptera det jag inte kan förändra, mod till att förändra de saker jag kan och visdom nog att förstå skillnaden mellan de två". Acceptans handlar om att acceptera olikheter och det unika varje människa har. När vi pratar om acceptans i den meningen lägger vi inte in acceptans av helt respektlösa eller rent av kriminella beteenden. Vi pratar här om människans unika personlighet och värderingar.

Att acceptera någons värderingar och naturliga beteendemönster är inte samma sak som att du gillar dem, bara att du kan låta personen ha dem även om de inte överensstämmer med dina egna.

Ärlighet

Många betraktar ärlighet som en moraliskt eftertraktad egenskap, till och med en dygd. En dygd kan ses som en social norm. Den systematiska läran om dygden går ända tillbaka till den antika filosofin. Från bland annat Platons och Aristoteles tankar utvecklades ett system med fyra kardinaldygder; hederlighet, tapperhet, vishet och måttfullhet. Den första dygden (hederlighet) kan sägas vara synonym med ärlighet.

De allra flesta människor tycker om när andra är ärliga. Ärlighet innebär till exempel att uttrycka sina egna behov, uttrycka en åsikt, ge en komplimang eller att ge konstruktiv kritik. Ärlighet skapar förutsättningar för att ta upp saker och ting till ytan så snabbt som möjligt. Även om människor kan ha olika åsikter är det alltid en fördel att ta upp olikheterna för att kunna diskutera dem.

Med ärlighet kommer också ett ansvar. För att du ska kunna vara ärlig på ett respektfullt sätt behöver du också vara ärlig med en tanke om vad ärligheten leder till. När du ger uttryck för dina tankar eller behov ska det vara för att skapa en bättre relation, undanröja hinder eller undvika konflikter – inte för att frånta dig ansvaret och säga "men jag är ju bara ärlig". Ärlighet innebär alltså inte att hela tiden uttrycka sina tankar, utan om att uttrycka dessa när någon annan frågar om dem.

Att skapa rapport med Platinaregeln

I en klassisk undersökning som gjordes av Professor Albert Mehrabian vid UCLA, visades att så mycket som 55% av kommunikationen var kroppsspråk, 38% röstkvalitet och endast 7% var egentliga ord. Utifrån den finns det alltså ingen, eller väldigt liten, garanti för att det du verkligen säger uppfattas som du önskar av en annan person. För att minska detta "filter" kan du möta människor genom att matcha deras beteendemönster.

Även om Mehrabians klassiska undersökning fått mycket kritik, går det inte att bortse från att vår kommunikation är mycket mer än ord. *Rapport* är ett franskt ord som lite slarvigt kan översättas med "samspel" eller "föra tillbaka". Att ha rapport med den du kommunicerar med är en viktig beståndsdel för att skapa förtroende, tillit och delaktighet i syfte att påverka personen. Många gånger skapar vi rapport helt automatiskt när vi effektivt kommunicerar med andra, men ibland har vi svårt att förstå och nå fram i vår kommunikation. Rapport formas av att du är lyhörd och respektfull.

I grunden handlar det om att möta människor i deras egen uppfattning om omvärlden, att följa med och påverka dem i deras verklighet. Att göra det är inte synonymt med att vara överens. Ibland har du säkert varit överens med någon utan att känna dig helt tillfreds med situationen, medan du med all säkerhet också befunnit dig i en situation där du varit oense med någon, men ändå känt ett ömsesidigt accepterande. Kanske har du förklarat dessa olika situationer med slump, men många gånger handlar det om just graden av rapport.

Att skapa rapport med hjälp av DISC är effektfullt och något alla kan lära sig. Den första och viktigaste faktorn är att följa personen. Det gamla ordspråket *"Att ta seden dit du kommer"* beskriver egentligen ganska enkelt vad rapport handlar om i ett initialt skede. Oavsett om du är säljare, ledare, coach eller har en annan arbetsroll där du vill påverka någon gäller det att hitta "rätt" ingång för att kunna påverka individen. Din förmåga att anpassa ditt eget beteende samt att se saker och ting ur en annan individs perspektiv skapar goda förutsättningar för tillit och personkemi. Några kritiska faktorer som kan hjälpa eller stjälpa rapport:

- Verbala faktorer, de ord du använder
- Fysiska faktorer, integritetszon och rörelsemönster
- Tempomässiga faktorer, den intensitet och i det tempo du har
- Motivationsmässiga faktorer, vilka drivkrafter du har

Med pacing skapar du tillit

Det svenska språket har ingen riktigt bra översättning av det engelska ordet *pacing*. Om man ändå försöker sig på en förklaring, blir den bli betydligt längre än det engelska ordet. Pacing ur en kommunikativ aspekt innebär att följa någons takt genom kommunikation; att använda "samma språk" som den du kommunicerar med, till exempel använda ord och uttryck som den andre förstår; att kroppsligen matcha den andre, till exempel genom snabbare eller långsammare rörelser; att förstå och möta någon annans motivation, till exempel genom att kommunicera mer uppgiftsinriktat eller relationsinriktat.

Genom att följa en annan persons beteende- och kommunikationsmönster visar du att du uppmärksammar, erkänner och bekräftar den och dennes världsbild. Pacing är en naturlig process eftersom människor ständigt följer och leder varandra när de kommunicerar. När människor har rapport sker detta oftast omedvetet. På ett säljmöte, i fikarummet, i medarbetarsamtal, på utbildningar – fenomenet finns överallt. Pacing innebär inte att imitera den andres rörelser, tala med exakt samma röst och hålla med om allt som den säger. Att imitera eller härma en annan person är respektlöst och uppfattas naturligtvis som störande. Pacing handlar om att möta och följa någon genom att matcha delar av personens beteende- och kommunikationsmönster.

Det är viktigt att uppmärksamma vad du gör när din pacing fungerar bra och vad du kan ändra på när du inte lyckas. Pacing är nyckeln som skapar en ingång till att påverka andra människor. På samma sätt som vi själva känner oss avslappnade när vi följer sociala normer, blir också andra människor trygga i en situation där du visar förståelse genom att anpassa ditt sätt att agera och kommunicera.

Tänk på pacing som en dans – *följ, följ, följ, led*.

135

Påverkanspsykologi

Om du nu läst de tidigare kapitlen i denna bok, och börjat forma dig en bild av beteendemönstren i DISC-modellen, vill jag att du tänker dig in i en situation. Tänk dig att en person som uppvisar ett tydligt I-beteende ska sälja en dator till dig. Lek med tanken att du själv har ett högt C-beteende. Vad kommer att hända i den situationen? Med vilka argument kommer säljaren att försöka nå fram till dig? Vilka drivkrafter har du? Vilka skillnader i tempo och integritetszon tror du att ni skulle ha? Och slutligen, tror du att säljaren kommer att sälja en dator till dig med ovanstående utgångspunkter?

I varje möte är det första intrycket mycket viktigt. Ibland sägs det att en säljare har tio sekunder på sig att fånga kundens intresse. En skådespelare har ett par minuter. Som ledare eller coach är fyra minuter den tid du har på dig för att "vinna" andras förtroende eller intresse. En del hävdar att de så kallade "första fyra minuterna" alltid har stor betydelse, oavsett om du redan byggt upp en relation till dem du träffar. Riktigt så drastiskt är det kanske inte, men vi kan vara helt överens om att det första intrycket i de allra flesta fall är mycket viktigt för att skapa tillit. Frågan är: *Vill du börja i uppförsbacke eller nedförsbacke när du ska påverka någon annan?*

Framgångsrika ledare, säljare, coacher och människor i andra påverkansroller är mycket duktiga på att:

1. Förstå sig själva och deras naturliga kommunikations- och beteendemönster.

2. Läsa av och identifiera andras sätt att kommunicera

3. Anpassa sitt eget sätt att kommunicera för att lättare kunna påverka den andre.

Att påverka en annan människa är en konst. En konst som kräver förståelse, igenkännande och en förmåga att kunna möta och kommunicera med den människan där den befinner sig. Kort sagt, det handlar inte om vem du är eller vad du gör – det handlar om hur du gör det du gör. En av de största utmaningarna du har är att inse att alla inte är som du. Människor låter sig påverkas av den miljö de befinner sig i. De anpassar sitt beteende och sätt att kommunicera utifrån regler och normer.

Det är givetvis viktigt och en stor bidragande faktor till att vi blir accepterade och "passar in" i den miljö vi befinner oss i. De allra vassaste kommunikatörerna har också förmågan att anpassa sitt sätt att kommunicera beroende på vilken person de möter.

Förstå dig själv i en påverkanssituation

DISC kategoriserar inte in människor i personlighetstyper. Istället hjälper modellen dig att uppmärksammar människors likheter och olikheter när de interagerar. Vad vi uppvisar för beteende kan många gånger bero på vilken omgivning vi befinner oss i. De flesta av oss tenderar dock att använda en eller ett par preferenser mer frekvent, oavsett situation. Psykologen Alfred Adler lär en gång ha sagt: "Jag sätter inte in människor i boxar, men jag tenderar att hela tiden hitta dem där."

"Det vi gör, det är vi" – en stark och träffande fras. Även om vi inte *är* vårt beteende, är det precis så vi uppfattas av andra. Människor tolkar endast det de kan observera – vårt agerande och vår kommunikation. Våra tankar och känslor är osynliga för andra, såvida de inte tar kroppsligt uttryck eller omvandlas till handlingar. Därför är det inte din tanke eller intention som avgör hur andra ser på dig, utan det är dina faktiska handlingar och ord som ger bilden av dig. Och huruvida människor påverkas av dig beror på vilket "okej-filter" de själva bär med sig.

Eftersom du, liksom alla andra, är en vanemänniska beter du dig på det sätt du finner vara det mest naturligt och komfortabelt för dig. Problemet är att ditt beteende inte alltid passar andra och därmed inte ger det resultat du vill ha. Tänk om det är så att *vi alltid väljer utifrån de resurser vi tror oss ha, att göra det vi tror är bäst i den givna situationen* – och tänk om, *vi har eller kan skaffa de resurser vi behöver för att prestera optimalt*.

Genom att välja att tro på ovanstående antaganden öppnar du dörren till att kontinuerligt utveckla och optimera ditt beteende, vilket förbättrar din förmåga att påverka andra. Ett vanemässigt beteende kan ibland stå i vägen för ett ännu mer effektivt och oprövat sätt att agera. Genom att reflektera över dina grundläggande beteendemönster – både dina styrkor och områden där du kan växa – får du möjlighet att identifiera och justera de principer som påverkar ditt sätt att tänka, känna och kommunicera. På så sätt kan du aktivt forma hur du vill uppfattas och vilken inverkan du vill ha på andra.

Läs av och identifiera andras sätt att kommunicera

Oavsett om du är säljare, coach eller ledare är det avgörande att kunna läsa av och identifiera beteendemönster hos dem du vill påverka. De tekniker som lämpar sig bäst för att identifiera en persons beteende varierar beroende på både situation och din egen roll. Vid ett första möte eller när tiden är begränsad kan den övergripande metod som beskrivs i kapitel 4 vara särskilt användbar. Då kan du snabbt uppmärksamma om personen verkar vara mer utåtriktad eller reserverad, samt om de har en bedömande eller accepterande inställning.

D-beteenden är *bedömande och utåtriktade* – de försöker påverka och kontrollera situationen genom att instruera och vara direkta i sin kommunikation.

I-beteenden är *accepterande och utåtriktade* – de försöker influera dig samtidigt som de kommunikativt bekräftar och håller med.

S-beteenden är *accepterande och reserverade* – de lyssnar mer än de pratar och kommunicerar på ett stödjande och medhållande sätt.

C-beteenden är *bedömande och reserverade* – de ifrågasätter mycket och delger sina tankar på ett politiskt korrekt och genomtänkt sätt.

Om du vet att du kommer att träffa personen vid flera tillfällen, och har gott om tid att lära känna personen djupare, kan du använda dig av frågor för att lära känna personens kommunikations- och beteendepreferenser. Den absolut enklaste och mest effektfulla frågan är att be personen beskriva sig själv med fem ord. Förvånansvärt många människor visar redan där hur de ser på sig själva och därmed också vilket beteendemönster de tenderar att använda. Dessutom får du snabbt information om utifrån vilken situation de beskriver sig själva. D- och C-beteenden har en viss tendens att beskriva sig själva kopplad till sin yrkesroll, medan I- och S-beteenden snarare beskriver sig själva utifrån hur de ser på sig själva som personer.

Ett annat bra sätt att skaffa dig information är att ställa frågor omkring en persons tillvaro och vanligtvis innefattar den till exempel områden såsom familj, arbete, fritid och vänner. Som du förstår blir svaren på dessa områden mer eller mindre utförliga beroende på vilket beteende-mönster en person favoriserar. Efterföljande fraser visar exempel på hur olika personer kan välja att beskriva sin familj. Reflektera över vad de egentligen uttrycker och försök att kategorisera dem enligt DISC:

1. "Jag och min man älskar att resa och träffa nya människor. Vi har ofta tillställningar där vi bjuder in våra vänner och deras bekanta."

2. "Min fru arbetar på bank. Hon är kundansvarig på förvaltningssidan. Hon har ett rätt stort ansvar och är en viktig kugge i verksamheten."

3. "Min familj är viktig för mig. Jag sätter stort värde i att bara få umgås med familjen. Men det kräver en hel del planering för att få den tid jag tycker man ska ha tillsammans som familj."

4. "Min familj? Jag har en fru och två barn. Jag brukar hålla isär mitt arbete och mitt privatliv, så för mig är det inte så relevant att berätta så mycket mer än så."

Dessa uttalanden kan verka förenklade, men ändå ger de en inblick i varje persons naturliga kommunikationsstil.

Det första uttalandet uttrycker glädje över sociala kontakter och gemen-skap, vilket är typiskt för I-beteenden, som drivs av behovet att vara sociala och uppskattar spontanitet och variation.

Det andra uttalandet fokuserar på prestation och ansvar, vilket överens-stämmer med D-beteenden, som tenderar att värdera status och pre-station. Personen beskriver sin partner i relation till hennes arbetsroll och betydelse på ett sätt som framhäver hennes framgång och position.

Det tredje uttalandet värdesätter familj och stabilitet, vilket är centralt för S-beteenden. Det visar på behovet av trygghet och planering för att kunna skapa balans och kvalitetstid med familjen

Det sista uttalandet är sakligt och rationellt och speglar C-beteendets behov av att hålla isär privata och professionella sfärer. C-beteenden värdesätter tydlighet och objektivitet och har ofta ett stort behov av att skydda sin personliga integritet.

Anpassning är A och O

I den återstående delen av detta kapitel får du läsa om hur du kan anpassa och utveckla ditt eget sätt att kommunicera för att påverka andra på ett effektivt sätt. Du kan givetvis läsa hela texten, men om du känner till ditt eget mest framträdande beteendemönster, uppmuntrar jag dig särskilt att vara uppmärksam på de fallgropar och strategier som hör samman med just det mönstret.

Människor du möter bedömer dig utifrån; hur kompetent de tycker att du är; hur väl de anser dig kunna hantera andra människor; hur empatisk de upplever dig vara; hur initiativtagande och stark de uppfattar att du är. För att framgångsrikt påverka andra är det viktigt att förstå att du i själva verket inte kan påverka någon direkt. I slutändan är det alltid den andra personen som väljer att låta sig påverkas av dig.

Alla människor har ett inbyggt försvar mot direkt påverkan. Försvaret är inte alltid uppenbart. Det är stor skillnad på försvaret från ett D-beteende och ett S-beteende, men likväl är det ett försvar. Människors försvar uppkommer spontant och ofta från en reaktion på att den som försöker påverka dem missar centrala faktorer som är avgörande för en effektiv påverkan.

De flesta människor dock mer eller mindre öppna för att bli påverkade, så länge du följer en tydlig fyrstegsmodell:

1. Skapa tillit
2. Lyssna aktivt
3. Samtala
4. Påverka

Genom att tillämpa dessa steg kan du öka chansen att nå fram till andra och få dem att vara mer mottagliga för din påverkan. På nästa sida kan du läsa mer om hur du kan göra detta.

1. Skapa tillit – bygg en relation där mottagaren känner sig trygg och respekterad. Det allra första steget handlar om att skapa rapport och tillit. Det gör du enklast genom att uppmärksamma och följa en persons nuvarande känslotillstånd, visa ett genuint intresse för åsikter och värderingar samt undvika att kritisera eller säga emot personen, även om du till en början faktiskt inte håller med.

2. Lyssna aktivt – var uppmärksam på vad den andra personen säger och visa att du värdesätter dennes perspektiv. Din förmåga att uppmuntra till öppen kommunikation är nästa steg. Uppgiften är inte bara att förstå vad personen säger, utan också vad den menar. Att få personen att känna att du förstår är mycket viktigt. Därför behöver du visa att du tar del av personens mentala karta. Genom att till exempel använda dina egna ord för att upprepa vad personen sagt, även om du inte håller med, visar du förståelse och intresse. Det handlar dessutom om att uppmärksamma personens verbala och kroppsliga signaler.

3. Samtala – engagera dig i en öppen dialog där ni både har möjlighet att dela era tankar och känslor. Var uppmärksam på den kommunikativa stil personen har och använd din beteendeflexibilitet för att anpassa dig. När ni diskuterar åsikter och värderingar, börja alltid med att identifiera gemensamma nämnare. När du visar att ni har något gemensamt blir den du samtalar med mer benägen att hålla med dig och öppna sig för din påverkan. Lyssna minst lika mycket som du pratar. Ta inte över samtalet förrän personen är redo att låta dig göra det. Ge personen utrymme att uttrycka sig fullt ut. När båda parter känner sig hörda och bekräftade, läggs grunden för en mer konstruktiv och meningsfull dialog.

4. Påverka – presentera dina idéer och förslag på ett sätt som verkligen resonerar med den andra personen. Anpassa dina säljande argument utifrån den stil och de preferenser personen visar. Fokusera på centrala drivkrafter som är kopplade till sättet att kommunicera. Kom ihåg att matcha, men undvik att efterapa eller härma personens kommunikationsstil. Med den följsamhet du utvecklat i de tidigare stegen kan du nu hjälpa personen att se saker ur ett annat perspektiv, hitta nya lösningar på problem och påverka dem i den riktning du önskar. Det handlar inte om att vinna en diskussion, utan om att visa respekt, acceptans och ärlighet. Genom detta förhållningssätt ökar du chansen att framgångsrikt påverka andra i en önskad riktning.

Positiv påverkan för ett D-beteende

Ett högt D-beteende låter sig inte lätt påverkas av andra. Du får dessutom ofta snabbt indikationer på att personen inte låter sig påverkas, eftersom den inte är rädd för att säga emot eller uttrycka sina egna motsatta åsikter. Det finns några viktiga och centrala faktorer som du bör tänka på och som ökar dina möjligheter att påverka personer med denna stil.

De är sannolikt:

- drivna av att uppnå resultat, visa därför på vilka vinster och vilket resultat dina förslag kan generera.
- fokuserade på praktiskt användbara verktyg och resultat, presentera därför konkreta lösningar.
- målinriktade mer än processinriktade, se därför till att vara överens om ramarna och tillåt stor flexibilitet inom ramarna.
- motiverade av att ha flera val, ge därför många valmöjligheter för att uppnå samma slutmål.
- starkt förändrings- och utvecklingsbenägna, skapa därför miljöer som inte är alltför rutinmässiga.
- fokuserade på prestation och resultat, ge därför beröm för de resultat som åstadkommits.
- drivna av att kunna kontrollera en situationen, låta dem därför ta initiativ och leda så ofta det passar.
- benägna att ta en konflikt, diskutera därför med pondus och backa upp dina åsikter med fakta- och resultatbaserade argument.

Skapa tillit när du möter ett D-beteende

Det första du bör göra för att skapa tillit när du möter ett D-beteende är att vara rak, tydlig och gå direkt på sak. Ge en övergripande bild av det du vill och undvik att fastna i detaljer eller uttrycka dig vagt. Var också noga med att bemöta personen på ett professionellt och självsäkert sätt. Eftersom personen sannolikt vill känna att den har kontroll över situationen ska du inte vara för dominerande själv. Inled gärna med att fråga personen om den har tid i några minuter och motivera avsättandet av tid med ett resultat.

Lyssna till ett D-beteende

När du lyssnar till ett D-beteende kan du förbereda dig på att personen tenderar att bli kategorisk. Det finns ett sätt att göra saker och det är "My way". Var försiktig med att återupprepa det som sägs i alltför hög grad, då personen sannolikt ser det som osäkerhet mer än som artighet. Summera gärna det personen har sagt på ett övergripande sätt och koppla därefter på ett argument som är associerat med ett resultat och vad personen vill ha. Till exempel "Så om jag förstått dig rätt så ... Det innebär alltså att du är intresserad av att ... "

Samtala med ett D-beteende

När du samtalar med ett D-beteende kan du vara relativt säker på att den vill veta var du står och vad du tycker i frågor. För att möta denna typ av kommunikationssätt behöver du alltså vara rak, öppen och uttrycka dina åsikter – precis som personen själv är och gör.

Det innebär kanske att du kanske kommer att behöva uttrycka dig något kraftfullare än vad du är van vid genom att vara mer direkt och fråga mindre. Rent konkret innebär det att du till exempel hellre säger "Så här tycker jag", snarare än "Det beror på hur man ser på det."

Frågor som du kan förvänta dig att få och kunna besvara är till exempel:

- Vad ger det mig?
- Vilken effekt kommer det att ha?
- Vad kan jag ändra själv?
- Hur stor frihet har jag?
- När kan jag sätta igång?
- Hur påverkar det mina möjligheter?
- Vilka fler alternativ har jag?

Påverka ett D-beteende

Det absolut bästa sättet att påverka ett D-beteende är att sälja in dina argument med hjälp av att vara mål- och resultatinriktad. Det är bra om du så snabbt som möjligt kan beskriva vilka resultat dina förslag på aktioner kan ge. Det är också bra om du kan påvisa, med hjälp av fakta, att dessa resultat både är uppnåbara och attraktiva.

En annan viktig faktor är tid. En person med ett D-beteende förväntar sig att du är kortfattad och praktiskt inriktad i det du förmedlar. Var noga med att inte använda för mycket eller onödig information. Visa ett par alternativ och låt personen själv välja det som passar bäst. En liten speciell skillnad från de andra beteendemönstren, är att det inte behöver vara fel att "provocera" genom att missmatcha. Exempelvis kan du, om du vill få personen att agera, säga något i stil med: *"Jag tror att detta kan vara lite för svårt för dig."* En naturlig respons från personen blir ofta: *"Ha! Ge mig uppgiften bara så ska du få se!"* En person som uppvisar ett lågt D-beteende skulle på samma påstående sannolikt svara: *"Ja, du har antagligen rätt."*

Vid eventuella svårigheter kan du uppleva att personen uttrycker sig något klumpigt eller okänsligt. Om det händer är det bästa sättet att agera att visa att du fortfarande har fokus på att hjälpa personen att uppnå det den vill. Fokusera mycket på att besvara "vad-frågorna". Vad kan man uppnå? Vad ger det för resultat? Vad är målet?

Ett bra avslut för ett D-beteende är att utmana personen en aning. Var dock vaksam så att denna typ av utmaning inte slår tillbaka på dig själv. Till exempel kan du säga att du är lite osäker på om detta verkligen är genomförbart för personen. Genom att ge en vink om att uppgiften skulle kunna vara övermäktig, skapar du en naturlig respons hos personen att vilja övervinna den påstådda svårigheten.

Kom ihåg att D-beteenden ofta:

- tänker praktiskt, inte teoretiskt
- uppträder oberoende och tävlingsinriktat
- välkomnar utmaningar och förändringar
- har en rädsla för att bli utnyttjad
- inte sätter känslor som högsta prioritet
- sätter resultatet främst
- försöker skapa och behålla direkt kontroll

Eftersom vi tenderar att bli blinda för våra styrkor ska du se efterföljande uppmaningar som lärdomar och inte pekpinnar. Jag har valt att uttrycka de flesta uppmaningar som negationer just på grund av att våra överexponerade styrkor kan vara svårt att uppmärksamma av oss själva.

Var vaksam så att du inte bryter tilliten med ett D-beteende.

Om du själv har ett D-beteende
- Var inte för påstridig
- Kontrollera inte personen
- Ta inga personliga strider
- Utmana inte för hårt
- Försök inte att "vinna" en diskussion

Om du själv har ett I-beteende
- Var inte för skämtsam
- Undvik att bli för personlig
- Prata inte bort tiden utan att komma till resultat
- Ta inte saker och ting personligt
- Använd inte för mycket personliga erfarenheter

Om du själv har ett S-beteende
- Var inte för snäll
- Var inte rädd för att uttrycka din åsikt
- Ge inte efter om du får en utmaning av personen
- Fastna inte för mycket i processen
- Var inte rädd för att ställa för hårda krav

Om du själv har ett C-beteende
- Var inte för detaljerad
- Låt inte ditt behov av exakthet skapa hinder
- Var inte rädd att tala om målet före vägen dit
- Skapa inte för snäv struktur
- Bli inte för inriktad på att skapa säkerhet

Positiv påverkan för ett I-beteende

Ett I-beteende låter sig förmodligen ganska lätt påverkas av dig. Inte för att den på något sätt generellt är mer lättpåverkad av någon annan, utan för att den vill vara med på det mesta. En person med detta primära beteendemönster tycker att det är skoj att prova på nya saker och låter sig påverkas, framförallt om påverkan sker utifrån personens egen subjektiva motivation. För att tilltala ett högt I-beteende är det viktigt att du tänker på följande faktorer.

De är sannolikt:

- noga med att bli bekräftade och omtyckta, visa därför att du personligen uppskattar och gillar dem.
- motiverade av entusiastiska människor, uppträd därför optimistiskt och fokusera på möjligheter.
- uttrycksfulla och uttrycker lätt känslor, "tänk emotionellt" och bekräfta därför deras känslor så ofta det är möjligt.
- mer intresserade av generella förväntningar, undvik därför att bli för detaljerad och ge istället övergripande förklaringar.
- inriktade på att göra saker tillsammans, interagera och delta därför med dem i deras åsikter och tankar.
- motiverade av variation, variera därför ditt sätt att påverka i allt från mötesplatser till aktiviteter.
- spänningssökande och gillar snabba stimulerande uppgifter, håll därför ett högt tempo och skapa personliga utmaningar.
- dragna till positiva människor, se därför till att du är positivt inställd och uppmuntrar deras idéer.
- positiva till att få komplimanger, påverka dem därför genom att ge mycket komplimanger för deras energi och entusiasm.

Skapa tillit när du möter ett I-beteende

Ett I-beteende vill ha för det mesta ha personlig kontakt med andra människor. Det är viktigt direkt ta dig tid att lära känna personen och att prata om personliga saker. En bra start är att använda någon form av isbrytare som får personen att prata om sig själv och vad som händer i livet just nu. Låt denna sociala akt få ta lite tid eftersom det sannolikt ger dubbelt tillbaka i tillit och förtroendekapital. Ta också själv initiativ för att presentera dig lite närmare på ett informellt sätt och gärna i samband med något som personen är intresserad av.

Lyssna till ett I-beteende

När du lyssnar till ett I-beteende innebär det att du verkligen kommer att få lyssna. En person med detta beteendemönster kan och kommer att lägga ut texten och du bör förbereda dig på att personen säkert även pratar om sådant du inte direkt tycker är relevant för stunden. För den här personen så är det "The fun way" som gäller. Du behöver vara tålmodig och lyssna och efter ett tag, med känsla, leda in personen på det du vill presentera. Till exempel kan du genom att vara följsam säga "Kul att höra på allt du har att berätta ... du, jag har en sak jag skulle vilja att du gav dina synpunkter på ..."

Samtala med ett I-beteende

Ett I-beteende är i stark kontakt med egna känslor och blir lätt engagerad i samtalet. Oavsett vilka känslor som styr personen kommer de att synas tydligt. Känslorna påverkar också beslut och ställningstagande till olika saker. Det är därför mycket viktigt att du bekräftar känslorna. Samtidigt är det viktigt att du själv inte dras med alltför mycket i subjektiva och känslofyllda argument. För att ett I-beteende ska känna sig bekväm i samtalet med dig, behöver du själv också visa entusiasm och känslor. Bekräfta så mycket du kan av det personen uttrycker så att den känner att du är med i samtalet. Du kommer att höra många både subjektiva och känslostyrda åsikter och personen förväntar sig detsamma av dig.

Frågor som du kan förvänta dig att få och kunna besvara är till exempel:

- Vem mer kommer att vara tillgänglig?
- Om jag gör detta, kan vi ändra lite på ... ?
- Jag har en idé, skulle vi kunna ...?
- Vilka fler alternativ finns det?
- Är det okej om jag involverar fler?
- Kan vi inte vara lite flexibla i upplägget?
- Vem ordnar med alla detaljer?

Påverka ett I-beteende

En av de absolut bästa strategierna för att påverka ett I-beteende är att visa uppskattning för idéer och ge komplimanger. Låt personen känna att den är medelpunkten i konversationen. Du kan i princip aldrig ge för många komplimanger eller för mycket bekräftelse. Det är bra om du kan summera detaljer och presentera dem mer övergripande för att få personen att lyssna på det du säger.

Att använda argument som handlar om bekräftelse och sociala vinster är bra när du vill sälja in dina idéer. Ett annat effektivt sätt att få personen att vilja göra något är att använda personreferenser. Till exempel kan du använda det som populärt kallas för "name-dropping", det vill säga referera till offentliga eller av personen kända personer som stödjer det du säger.

Vid eventuella svårigheter ska du visa att du bekräftar det personen just nu känner. Fokusera också på att prata om möjligheter och i synnerhet med utgångspunkt i vad personen själv tidigare sagt. Lägg gärna ut texten och fråga om idéer eller förslag på hur saker kan lösas med hjälp av personens drivkrafter och intressen. Fokusera på att besvara "vem-frågorna". Vem ska mer finnas där? Vem har gjort detta förut? Vem kan man förlita sig på?

Ett bra avslut med ett högt I-beteende är att visa att du genuint uppskattar personen. Du kan gärna förlänga avslutet genom att gå vidare till någon annan informell miljö för att göra något tillsammans om det passar. På det sättet visar du att du gillar att umgås med personen även under andra omständigheter. Fysisk kontakt och lättsamma skämt är sällan fel med denna typ av beteendemönster. Var framförallt beredd på att tidsramen är mindre viktig och det sociala umgänget värt mer.

Kom ihåg att I-beteenden ofta:

- ogillar negativitet och negativa människor
- vill vara omtyckt
- går igång på entusiasm
- eftersöker frihet och spontanitet
- uttrycker sina känslor starkt
- vill stå i centrum och få uppmärksamhet
- lätt skämtar om det mesta

Eftersom vi tenderar att bli blinda för våra styrkor ska du se efterföljande uppmaningar som lärdomar och inte pekpinnar. Jag har valt att uttrycka de flesta uppmaningar som negationer just på grund av att våra överexponerade styrkor kan vara svårt att uppmärksamma av oss själva.

Var vaksam så att du inte bryter tilliten med ett I-beteende.

Om du själv har ett D-beteende
- Se till att inte vara alltför rakt på sak
- Avbryt inte direkt om du tycker att det är för "pratigt"
- Var inte så opersonlig
- Var inte rädd för att skämta även om affärsmässiga saker
- Skapa inte kontrollstrukturer

Om du själv har ett I-beteende
- Ta inte över hela "scenen"
- Missa inte att förmedla det du vill förmedla
- Hamna inte i en konversation för konversationens skull
- Glöm inte bort tiden
- Bli inte irriterad om du tycker att du får lite uppmärksamhet

Om du själv har ett S-beteende
- Tappa inte tråden bara för att konversationen drar iväg
- Bli inte helt tyst
- Håll inte bara med utan att själv påverka
- Bli inte förskräckt av dålig struktur
- Var inte för envis och tillbakahållande

Om du själv har ett C-beteende
- Bli inte irriterad av många subjektiva åsikter
- Vänta dig inte att bara ha en konversation om "rätt saker"
- Var inte för detaljstyrande
- Sänk inte stämningen genom att låta bli att bekräfta skämt
- Tillrättavisa inte så fort du tycker att något inte är underbyggt

---

Positiv påverkan för ett S-beteende

Ett S-beteende låter sig ofta påverkas av andra. Men vid vissa tillfällen, till exempel vid allt för stora och plötsliga förändringar, kan personen bli mycket svårpåverkad. Var också vaksam på att S-beteendet inte alltid öppet uttrycker en ovilja att låta sig påverkas. Ibland kanske du tror att personen helt och fullt är med på vad du säger, men vad den egentligen vill håller den för sig själv. Det kan finnas ett tyst motstånd som visar sig långt senare i form av ovilja att göra det ni kommit överens om. Tänk på följande saker när du vill påverka en person med ett S-beteende.

De är sannolikt:

- sökande efter stabilitet, visa därför hur det du säger bidrar till stabilitet.
- intresserade av att få information presenterad i logisk följd, gå därför alltid från det lätta till det svåra.
- indirekta och uttrycker inte alltid sina åsikter, be därför om åsikter.
- i behov av reflektionstid, presentera därför en sak i taget och låt personen bekräfta att den förstår.
- inte pigga på snabba förändringar, tänk därför på att vara följsam och låt personen få tid att processa nya tankar.
- lojala och ställer upp, visa därför också din lojalitet och bygg dina argument på gemensamma intressen.
- konfliktundvikande, uttryck dig därför på ett vänligt och förstående sätt.
- drivna av att vara stödjande, se därför till att de får visa sin stödjande sida.
- motiverade av harmoni och lugna miljöer, skapa därför en avslappnad atmosfär.
- intresserade av att arbeta tillsammans med andra, visa därför hur det du presenterar också gynnar andra i omgivningen.

Skapa tillit när du möter ett S-beteende

Ett S-beteende uppskattar andra som visar sin "mänskliga" sida, är förtroendeingivande och skapar en trygg relation. I öppningsskedet är det därför viktigt att du skapar en trygghet. För att lägga grunden till det behöver du vara metodisk och vänlig i din framtoning. Du bör ta den tid ni behöver för att skapa reell tillit. Visa genuint intresse, men var också vaksam på den stora integritet många S-beteenden visar prov på. Samtala gärna om saker som är igenkännande för personen.

Lyssna till ett S-beteende

Det kan ta lite tid innan du kan få lyssna till ett S-beteende. Eftersom personen troligtvis inte kommer att vara initiativtagande och särskilt öppen, i alla fall inte till en början, behöver du ställa frågor som sätter igång konversationen. Bra frågor är öppna frågor som "tvingar" personen att säga mer än bara "ja" och "nej". Öppna frågor visar du också att du är genuint intresserad av både personen och dennes åsikter.

Samtala med ett S-beteende

Ett S-beteende är för det mesta rätt återhållsam och stillsam i konversation med andra. Det är inte helt enkelt att avgöra huruvida personen håller med dig eller inte, men du kan vara helt säker på att personen lyssnar på det du har att säga. Det är viktigt att du stämmer av med och frågar för att få den att uttrycka sina behov. För att vara riktigt lyckosam i samtalet med en person med detta beteendemönster är det viktigt att vara följsam och "mänsklig" i ditt sätt att vara.

Det kan också vara svårt att avgöra huruvida personen gillar dina idéer eftersom den sannolikt inte säger emot det du har att säga. Genom att frekvent fråga och be om åsikter visar du genuint intresse, vilket i sin tur kan göra slutna S-beteenden lite mer "pratglada". Varsam och förstående är två ledord som tar dig närmare ett bra samtal.

Frågor som du kan förvänta dig att få och kunna besvara är till exempel:

- Vad kommer att hända nu?
- Vilket är det nästa steget i processen?
- Hur ska jag bidra till …?
- Vilka rutiner finns omkring detta?
- Finns det en möjlighet att kunna få diskutera detta med andra?
- Är vi säkra på att alla kommer att acceptera detta?
- Hur går jag vidare nu direkt?

Påverka ett S-beteende

Du kommer att kunna påverka ett S-beteende relativt enkelt, i alla fall om du är tillräckligt respektfull och inkännande. Genom att vara metodisk och medmänsklig i dina argument kommer du att uppfattas som förtroendeingivande för en person med denna typ av beteendemönster. Du behöver låta personen få tid på sig att smälta det du säger. Bygg därför gärna dina argument på igenkänning. Du behöver vara noga med

151

att visa att du förstår personens unika situation och låta den få veta att dina intentioner är goda. En annan viktig påverkansfaktor är att du visar din vilja att stödja personen i det som ska göras. När du visar lojalitet och stöd kommer du ofta få dubbelt tillbaka. Var noggrann med att förklara hur du vill att saker ska genomföras samtidigt som du också detaljerat förklarar på vilket sätt du kommer att vara behjälplig.

Vid eventuella svårigheter bör du visa att du bryr dig om och accepterar personen för vem den är. Förklara gärna mer noggrant och understryk bekanta saker samt delge sådant personen kan känna trygghet i. Lägg upp dina argument i en pedagogisk ordning där det lätta kommer före det svåra. Fokusera mycket på att besvara "hur-frågorna". Hur ska vi göra saker och ting? Hur kommer vi att uppnå detta? Hur går det hela till? På så sätt skapar du en trygghet för både relationer och tillvägagångssätt.

Ett bra avslut med ett högt S-beteende är att summera och tala om vad som händer härnäst. Se gärna till att besvara frågan om vad som händer härnäst innan den ens ställts. Själva avslutet bör vara mycket informellt och gärna med en vink om att du finns tillgänglig för personen. Det är också viktigt att personen får känna ett genuint intresse från din sida för denne som person och människa, inte bara för det den ska göra. Informellt och tryggt är viktiga ledord.

Kom ihåg att S-beteenden ofta:

- vill känna trygghet
- är rutinkänslig och uppträder rutinmässigt
- undviker konflikter så mycket det går
- eftersöker vänlighet och lojalitet
- vill ha stabil kommunikation
- trivs med att lyssna
- vill veta att det finns support

Eftersom vi tenderar att bli blinda för våra styrkor ska du se efterföljande uppmaningar som lärdomar och inte pekpinnar. Jag har valt att uttrycka de flesta uppmaningar som negationer just på grund av att våra överexponerade styrkor kan vara svårt att uppmärksamma av oss själva.

Var vaksam så att du inte bryter tilliten med ett S-beteende.

Om du själv har ett D-beteende

- Uppmärksamma att behoven inte alltid uttrycks
- Driv inte upp tempot allt för mycket
- Reta inte upp dig på det du uppfattar som obeslutsamhet
- Var inte bara uppgiftsinriktad utan att se människan
- Var inte alltför snabb i förändringsprocessen

Om du själv har ett I-beteende

- Var noga med att inte bli "för mycket"
- Försök inte skapa tillit genom att skämta
- Prata inte lika mycket som du kanske skulle vilja
- Glöm inte att lyssna på vad som verkligen sägs
- Bli inte otålig om du inte får omedelbar respons

Om du själv har ett S-beteende

- Bli inte obekväm om du själv behöver ta initiativ
- Var inte rädd att visa vad du vill
- Se till att det inte blir en artighetsvisit utan mål
- Övertolka inte tystnad som något negativt
- Var inte rädd för att ifrågasätta

Om du själv har ett C-beteende

- Förvänta dig inte en total uppgiftsfokus utan mänsklig aspekt
- Tolka inte ett avvaktande som något negativt
- Undvik att vara alltför kall och okänslig
- Glöm inte att notera vilka reaktioner du får
- Missa inte att själv tala om den medmänskliga aspekten

Positiv påverkan för ett C-beteende

Å ena sidan kan ett C-beteende vara svårt att påverka, i synnerhet eftersom personen vill analysera det som sägs noggrant. Var beredd på att en påverkansprocess kan ta betydligt längre tid än beräknat med denna typ av beteendemönster. Å andra sidan kan C-beteendet vara relativt lättpåverkad, men bara om du har tillräckligt genomtänkta och underbyggda argument. Det finns dock några viktiga punkter att beakta för att skapa så goda möjligheter som möjligt för att bryta igenom C-beteendets skepsis till att låta sig påverkas.

De är sannolikt:

- motiverade att ha rätt, tillåt därför dem att hitta sitt eget "rätta svar".
- av naturen analyserande, ge dem därför tid att fundera på och analysera det du säger.
- mycket informationssökande, delge dem därför mycket information både skriftlig och muntlig.
- intresserade av att se både delarna och helheten, ge dem därför rationella förklaringar och logik – både för delar och helhet.
- kända för sina djupa kunskaper och noggrannhet, uttryck därför beröm för deras kunskap och kompetens i första hand.
- indirekt kontrollerande, delge därför förväntningar samt regler och ramar noggrant.
- diplomatiskt uppträdande, var därför taktfull i din presentation och undvik att bli för känslomässig och livfull.
- i behov av att få svar på varför, ge därför logiska förklaringar som är nyanserade och ger svar på "varför-frågan".
- jämförande av alternativa lösningar, ge dem därför information om vilka konsekvenser olika alternativ medför.

Skapa tillit när du möter ett C-beteende

I ett öppningsskede med ett C-beteende är det inte läge att prata om sådant som inte rör det du vill ta upp. Lägg personliga saker åt sidan och agera istället diplomatiskt och uppgiftsinriktat. En bra start är till exempel att presentera ditt syfte med samtalet och gärna med ett inlägg som vädjar till personens kompetens. Personen förväntar sig ett formellt uppträdande som genererar någon form av syfte och mål så snart det är möjligt. Personen bedömer dig troligen utifrån hur påläst och detaljerad du är, inte hur snäll och trevlig du är.

Lyssna till ett C-beteende

När du lyssnar till ett C-beteende, innebär det att du behöver lyssna noggrant. En person med detta beteendemönster kan och kommer att lägga ut texten när den har något att säga. Allt som sägs kommer antagligen också att vara högst relevant. För den här personen så är det "The right way" som gäller och det innebär underbyggda argument och saklighet.

När, eller om, personen inte har underbyggda argument kommer den att fråga dig. Detta för att den vill veta saker i detalj, för att den ska kunna dra korrekta slutsatser omkring det som sägs.

Samtala med ett C-beteende

En person som uppvisar ett C-beteende visar sällan några känslor utåt, utan upprätthåller en diplomatisk attityd gentemot det mesta. Personens känslor påverkar sällan besluts- och ställningstaganden. Beslut tas endast på rationella grunder. Det är därför mycket viktigt att du bekräftar personens logiska tänkande. Du får vara beredd på att diskutera saker ur ett objektivt perspektiv med underbyggda argument.

Även om du själv kan känna att du vill uttrycka subjektiva åsikter som inte är helt underbyggda, tjänar du förmodligen på att vänta med dem tills personen köpt de objektiva argumenten. För att ett C-beteende ska känna sig bekväm i samtalet behöver du kanske också hålla igen på dina egna känslor. Bekräfta så mycket du kan av det personen uttrycker genom att understryka sakligheten och logiken i det som sägs. Ta dig också tid för att lyssna på de, ibland långa, förklaringar och slutsatser som personen vill få fram.

Frågor som du kan förvänta dig att få och kunna besvara är till exempel:

- Varför ska vi göra just på det sättet?
- Vad händer om vi inte lyckas?
- Vilka fallgropar finns det?
- Hur säkerställer vi kvaliteten?
- Vad kommer denna teori ifrån?
- Hur har man kommit fram till det?
- Har du tänkt på att … ?

Påverka ett C-beteende

Ett C-beteende tenderar att vara ifrågasättande, skeptisk och reflektiv. En av de absolut bästa strategierna för att kunna påverka denna typ av beteendemönster är att uppvisa att du är genomtänkt och logisk i dina argument. Tänk på att personen kanske inte uppvisar speciellt mycket entusiasm, även om den gillar det du säger. Det kanske mest effektiva sättet att få personen att vilja göra något är att använda dig av bevisföring, att hålla dig till fakta och inte småprata om annat än vad det gäller är viktigt. Finns det tillräckligt starka och logiska argument för det du vill att personen ska göra så kommer den att göra det. En annan mycket viktig faktor i påverkansprocessen är att appellera till personens kompetens.

Vid eventuella svårigheter kan du behöva visa saker och ting svart på vitt. Ett bra sätt är att illustrera flöden eller hur du på ett systematiskt sätt tänkt att saker och ting ska hänga ihop för att uppnå bästa kvalitet utifrån befintliga ramar och regler. Diskutera hur de eventuella hindren kan lösas på ett ändamålsenligt sätt. Att fråga personen om råd om möjliga risker kan lösa många rädslor angående vad som kan gå fel. Tänk också på att besvara "varför-frågorna". Varför är detta det rätta sättet att göra saker? Varför bör vi agera så? Varför kan man inte ...?

Ett bra avslut med ett C-beteende är att agera korrekt och summera det ni kommit överens om i detalj. Var framförallt beredd på att den sociala delen av avslutet kommer att vara sparsam. Det viktigaste är fakta och överenskommelse.

Kom ihåg att C-beteenden ofta:

- önskar ett korrekt och formellt uppträdande
- är logisk och analyserande
- undviker att göra eller ha fel
- eftersöker fakta och detaljer
- vill se saker och ting ur ett objektivt perspektiv
- frågar mycket för att kunna bedöma kvaliteten i det som sägs

Eftersom vi tenderar att bli blinda för våra styrkor ska du se efterföljande uppmaningar som lärdomar och inte pekpinnar. Jag har valt att uttrycka de flesta uppmaningar som negationer just på grund av att våra överexponerade styrkor kan vara svårt att uppmärksamma av oss själva.

Var vaksam så att du inte bryter tilliten med ett C-beteende:

Om du själv har ett D-beteende
- Var inte för direkt och snabb i din framtoning
- Lyssna till och bemöt invändningar på ett logiskt sätt
- Ignorera inte behovet av regler och rättesnören
- Reta inte upp dig på det du uppfattar som petighet
- Glöm inte att uppträda korrekt

Om du själv har ett I-beteende
- Var noga med att inte bli för subjektiv i dina åsikter
- Uppmärksamma och bemöt behovet av detaljer
- Låt inte bli att bekräfta det som upplevs som problem
- Var inte för generell i ditt språk
- Reta inte upp dig på det du uppfattar som negativitet

Om du själv har ett S-beteende
- Förstå behovet av att fokusera på uppgiften i första hand
- Ta inte illa upp av okänslighet
- Förvänta dig inte en djupare relation
- Bli inte pressad av kvalitetskraven
- Bli inte störd av behovet av att få bevis för saker och ting

Om du själv har ett C-beteende
- Hamna inte i ett paralyserande analyserande
- Överbevisa inte alla argument du motsätter dig
- Undvik inte subjektivitet till alla pris
- Avstå från maktkamper om vem som har rätt
- Låt inte ramar och regler hindra kommunikationen

7. Multidimensionella beteenden

I de föregående kapitlen har du kunnat läsa om varje beteendemönsters grundegenskaper. Många av oss har ett grundbeteende som vi ofta använder. Men som du redan vet så är det mer vanligt att vi uppvisar en blandning mellan två, ibland tre grundbeteenden. När vi använder två eller tre beteenden tillsammans blandas dessa egenskaper. En del människor upplever sig inte ens ha något primärt grundbeteende, utan tycker sig ha två grundbeteenden som är lika starka.

Vissa primära beteendemönster ligger närmare varandra än andra. Exempelvis är en SC-kombination vanligare och ligger närmare varandra än en DS-kombination. Men detta innebär inte att det är omöjligt att förena beteendemönster som primärt ligger längre ifrån varandra. Eftersom vi alla har inslag av D-, I-, S- och C-beteenden, kan dessa kombineras på många olika sätt. Även om ett IC-beteende vid första anblick kan verka motsägelsefullt, är det – om vi använder metaforen med färger i en färgpalett – fullt möjligt att blanda dessa "grundfärger". Skillnaden är att när två grundfärger blandas, skapas en ny nyans. Nyansen beror på vilken grundfärg som dominerar innan vi blandar dem. Detta innebär att en person med en DI-kombination inte nödvändigtvis har samma beteendemönster som en annan med samma kombination. En DI-kombination kan dessutom vara en ID-kombination, vilket i sin tur kan skapa ännu större variation i beteendet.

I detta kapitel får du ta del av några mer eller mindre vanliga kombinationer av de fyra grundbeteendena. Det är dock viktigt att poängtera att dessa beskrivningar inte på något sätt är fullvärdiga beskrivningar, utan snarare indikationer på dessa kombinationers sätt att kommunicera och agera. Här görs till exempel ingen skillnad på vilket av de två beteendemönstren som är starkast, information ges bara utifrån den specifika kombinationen. Det är också endast beteendekombinationer med två grundbeteenden som redovisas. Ett fullvärdigt och validerat DISC-instrument ger dig givetvis betydligt mer ingående och nyanserade beskrivningar av ditt beteende i en given situation. En DISC-analys ger också fler kombinationer och mer information utifrån styrkan och relationen mellan de fyra olika grundbeteendena. Gör gärna – med utgångspunkt i detta – en reflektion när du läser följande sex beskrivningar. Finns det någon i din omgivning har en benägenhet att använda denna typ av beteendemönster?

DI-kombination

En person med karaktärsdrag D och I ger många gånger ett både bestämt och självsäkert intryck. Kommunikationen är direkt och dynamisk. Förmodligen har personen goda förmågor att kommunicera och påverka andra människor utifrån sina egna åsikter. Denna kombination kännetecknas av stark social förmåga och en övertygande kommunikationsstil.

DI-kombinationen försöker genom sin kommunikation ta och behålla en dominerande ställning, både vad det gäller personlig auktoritet och kontroll men också ur en social aspekt. Kommunikationen är oftast smidig men kan ibland övergå till att vara mer krävande och befallande, särskilt under press.

Ett autentiskt exempel på en DI-kombination

Mikael arbetar som ekonomichef på ett internationellt företag. Han beskriver sig själv på följande sätt:

Jag är ivrig när det gäller att ta tag i saker. Mitt mål är att så snabbt som möjligt få saker att hända. Jag är inte rädd för att ta risker och jag gillar att vara i framkant. För mig är det viktigt att hela tiden sträva mot högre mål. Jag sätter mig mycket sällan ned och känner mig nöjd, det finns alltid nya mål och utmaningar att upptäcka.

I mitt arbete är jag involverad i många olika projekt, inte för att mitt arbete kräver det utan för att jag gillar det. Jag tycker att det är extremt viktigt att leverera goda resultat och jag stimuleras även av att influera och övertala andra att uppnå uppsatta resultatmål. Jag är inte beroende av att arbeta ihop med speciella personer, utan kan mycket väl arbeta med olika personer. Det viktigaste är att de fungerar bra ihop med mig och levererar det vi kommit överens om.

Mitt kontaktnät är stort men jag vårdar inte alltid mina kontakter så bra som jag egentligen skulle vilja. Kanske beror det på att jag stundtals sätter uppgiften i första hand och relationen i andra hand. Men jag försöker dock alltid att vårda relationen till andra så mycket jag kan i alla möjliga lägen. Jag vill påstå att jag är dynamisk i mitt sätt att kommunicera och att jag har en förmåga att påverka människor på ett framgångsrikt sätt.

160

Andra människor lyssnar till det jag har att säga och även om jag ibland
väljer att inte ta strid för det jag tycker så försöker jag hitta ett sätt,
utan att vara alltför osmidig, att få min vilja igenom. I de allra flesta fall
lyckas jag bra och det beror nog på att jag kommunicerar lösningsfoku-
serat istället för problemorienterat.

Kommunikativ preferens:
Drivkraft: Att vara rak och tydlig och få social acceptans
Rädsla: Att inte ha kontroll och inte vara omtyckt av andra

Beteendemässiga styrkor:
- initiativtagande och ledande
- flexibel och innovativ
- engagerar och förevisar

Tecken på överexponering:
- när det blir mycket av en "enmansshow"
- när regler och föreskrifter ignoreras
- när idéer genomförs i all hast utan reflektion
- när feedback från andra ignoreras

Beteendemässig utvecklingspotential:
- lära sig att acceptera och hantera "nej-sägare"
- arbeta inom ramarna och följa föreskrivna regler utan att tappa
  energi
- vara mindre direkt och mer eftertänksam

IS-kombination

I och S är båda relationsinriktade faktorer. En person som använder denna kombination har därför en tendens att visa stor förståelse för andra. Personen uppträder tryggt, vänligt och positivt gentemot omgivningen. Med stor sannolikhet har personen också en god lyssnarförmåga, vilket gör att en IS-kombination är beredd att hjälpa till och lösa andras problem.

Personer med beteendepreferenser I och S har lätt för att umgås med andra. Deras sociala natur gör att andra ofta trivs med deras sätt att kommunicera. IS-kombinationen är oftast övertygande och inlevelsefull, men kan också kan visa ett lugnare och mer avspänt sätt när situationen kräver det. Detta innebär att personer med denna preferens, i vissa situationer, agerar mindre aktivt och istället blir mer lyssnande och mottagliga för andras idéer och känslor.

Ett autentiskt exempel på en IS-kombination

Johanna arbetar som skolledare på en grundskola. Hon beskriver sig själv på följande sätt:

Jag gillar att skapa en positiv anda och se det positiva i saker. Min uppgift är, som jag ser det, att också få andra att se de ljusare sidorna i tillvaron. För mig är det viktigt att andra ska känna sig trygga med mig. Därför vill jag alltid checka av så att man beaktar alla parter innan man driver igenom något.

Som skolledare vill jag vara omtyckt och accepterad som en i gänget, även om jag formellt faktiskt är chef. Det går att kombinera chefskap och ledarskap. Det bästa sättet att göra det på är att vara vänlig och hjälpsam mot andra.

Jag är absolut inte den som befaller eller beordrar på jobbet. För mig är det viktigt att vara lugn då jag diskuterar. Tyvärr vet jag med mig att jag har en tendens att undvika att ta upp tråkiga saker. Ibland skjuter jag upp obekväma beslut eller när det gäller att förmedla mindre roliga saker. När jag kommunicerar försöker jag att inte framhäva mig själv speciellt mycket, även om jag ibland faktiskt gillar att stå i centrum.

*Jag tycker om att utbyta tankar och känslor med människor. Folk i all-
mänhet tycker nog att jag är rätt verbal, eftersom jag ofta får andra att
lyssna till det jag säger. Sen är det ju viktigt att alla ges möjlighet att
berätta om sina egna erfarenheter och tankar omkring olika saker. Där-
för är jag alltid noga med att inte bli för påstridig när det gäller att sälja
in idéer till exempel.*

Kommunikativ preferens:
Drivkraft: Att inge förtroende och vara omtyckt av andra
Rädsla: Att bli indragen i konflikter och att ses som osympatisk

Beteendemässiga styrkor:
- följsam och social
- övertygande och förstående
- kreativ och samarbetande

Tecken på överexponering:
- när det blir mycket snack och liten verkstad
- när diskussioner upplevs som konflikter
- när beteenden hos andra övertolkas
- när egna problem ignoreras på grund av välvilja att hjälpa
  andra

Beteendemässig utvecklingspotential
- lära sig att säga nej utan att känna skuld
- hantera konflikter på ett öppnare och ärligare sätt
- kunna arbeta utan att ha en relationsfokus i första hand

SC-kombination

En person med ett uppvisat SC-beteende är lugn, tålmodig och rationell. Personen är inte pådrivande till sättet och förhåller sig objektivt i frågor. Ofta har den, trots sin tillbakadragna och objektiva hållning, en mycket bra förståelse för personliga eller känslomässiga frågor.

Personer som använder SC-kombinationen upplevs som ganska passiva och tar sällan en första kontakt med människor, särskilt inte med människor i ett obekant sammanhang. Samtidigt som de värdesätter vänskap och starka relationer, döljs detta ofta genom ett reserverat och distanserat sätt att förhålla sig till andra. Deras upplevda distanserade sätt har sin grund i att "tänka efter före". Personer med SC-kombination har en stark vilja att uppfattas som korrekta och genomtänkta och därför öppnar de sig först efter att verkligen tänkt igenom vad de ska säga.

Ett autentiskt exempel på en SC-kombination

Tim arbetar som programmerare på ett stort IT-företag. Han beskriver sig själv på följande sätt:

Jag gillar trygghet och känner att jag har det när jag får arbeta med arbetsuppgifter som jag kan och är genuint intresserad av. Det är viktigt för mig att veta vad som händer runt omkring mig, både när det gäller företaget och människorna som jag arbetar med. Jag sätter stort värde på ärlighet. När människor är ärliga kan jag lita på dem och koppla av. Jag slutför gärna en sak i taget och vill alltid ha tillräckligt med tid för att kunna färdigställa ett arbete så att det blir så bra som möjligt.

Jag är nog rätt lyssnande och tillbakadragen i min arbetsroll. Jag är inte en sådan person som hela tiden säljer in mina idéer, även om jag vet att min idé är bra. Det värsta jag vet är människor som är påflugna och/eller aggressiva. Så vill jag verkligen inte vara. Konflikter är onödiga. Allt går att lösa bara man är logisk och behandlar alla frågor med hänsyn till att det är människor man har att göra med.

Jag föredrar att slippa fatta beslut som gäller andra. Ingen kan ju ta ansvar för någon annan, var och en måste ta sitt eget ansvar. Med det sagt innebär det inte att jag inte ställer upp för andra. Inte för att verka förmer, men jag är kanske en av de mest hjälpsamma personerna på företaget.

Det är viktigt att stötta varandra även om jag aldrig kräver att andra ska stötta mig. Det enda jag kräver är att man kommunicerar och inte undanhåller saker och ting för varandra, särskilt inte om det ska göras några förändringar eller utarbetas något nytt.

Kommunikativ preferens:
Drivkraft: Att uttrycka sig genomtänkt, korrekt och empatiskt
Rädsla: Att vara plump och ha fel

Beteendemässiga styrkor:
- noggrann och lojal
- trygg och säkerställande
- genomtänkt och genomförande

Tecken på överexponering:
- när det blir ett paralyserande analyserade
- när det finns ett motstånd till att ta ett eget initiativ
- när flexibiliteten är obefintlig
- när egna behov inte uttrycks överhuvudtaget

Beteendemässig utvecklingspotential
- ta initiativ genom att verbalisera känslor inte bara tankar
- kunna ta mer intuitiva beslut
- vara mer öppen för alternativa sätt att se på saker

DC-kombination

En person med denna kombination kommunicerar ofta formellt och strukturerat, samtidigt som den har en kraftfull och rättfram ton. Personen uttrycker sig inte sällan kategoriskt och är inte rädd för att tydligt och rakt på sak säga sin mening om saker. Personer med DC-kombination ser saker och ting från sitt eget perspektiv och är i personliga och känslomässiga sammanhang ofta distanserade eller undvikande.

För dessa personer har relationer sällan högsta prioritet. Om kommunikation med andra upplevs som nödvändig, är den ofta kortfattad och koncis samt fokuserad på praktiska frågor. Dessa personer föredrar att i möjligaste mån behålla fakta och information för sig själva, om det inte kan hjälpa dem att uppnå mål genom att kommunicera med andra.

Ett autentiskt exempel på en DC-kombination

Karin arbetar som utbildningsansvarig inom en stor organisation. I sin roll undervisar och utvecklar hon utbildningsprogram för organisationens olika enheter. Hon beskriver sig själv på följande sätt:

Jag är korrekt, initiativtagande och strukturerad i mitt sätt att kommunicera. Jag säger ofta vad jag tycker och har också mycket åsikter, men bara om jag tycker något är värt att diskutera eller föra fram åsikter om. Om jag inte tycker att det är värt att diskutera, kan jag hellre avvakta eller helt enkelt bara välja bort att uttrycka min åsikt. Jag tror på att göra saker och ting rätt och riktigt och jag förväntar mig också att andra tycker att det är viktigt, annars är det inte värt att göra. Andra kan nog tycka att jag ibland distanserar mig, framförallt när det gäller personliga och känslomässiga spörsmål.

Jag är inte alltid så lyhörd för andras problem och inte heller så särskilt intresserad av att höra på någon "klagosång". För mig handlar det om att analysera vad som är bäst, tala om hur vi löser problemet och lösa det. När jag behöver ha långdragna konversationer med andra för att få saker och ting gjorda blir jag bara mer kortfattad och fokuserar på praktiska frågor. Jag borde kanske lita mer på att andra gör det de ska göra utan att jag behöver styra upp saker och ting, samtidigt gillar jag att driva frågor och projekt från början till slut.

Ibland håller jag inne med information i samarbete med andra eftersom min erfarenhet är att det många gånger snackas för mycket och görs för lite. Har man en bra lösning så gör man bara. Om något behöver diskuteras så behöver man också diskutera det i detalj.

Jag är inte rädd för att korrigera andra när det behövs. Vissa kanske tycker att jag är petig eller för självsäker, men faktum är att jag alltid ser till att ha belägg för det jag säger.

Kommunikativ preferens:
Drivkraft: Att uttrycka sig handlingskraftigt, korrekt och genomtänkt
Rädsla: Att vara otydlig och att inte få gehör för sina argument

Beteendemässiga styrkor:
- planerande och handlingskraftig
- producerande och kvalitetsinriktad
- objektiv och saklig

Tecken på överexponering:
- när känslor och andras behov ignoreras
- när förmågan att uppfatta andras behov inte finns
- när det är svårt att bara umgås med andra utan att ha ett syfte
- när andras åsikter ignoreras

Beteendemässig utvecklingspotential
- fokusera mer på mellanmänskliga relationer
- be andra om råd utan att behöva känna det som ett nederlag
- delegera ut saker utan att i detalj kontrollera allt själv

IC-kombination

En IC-kombination är, trots två motsägelsefulla grundbeteenden, inte helt ovanlig. De olika mönstren som I och C representerar blir tillsammans egentligen två olika beteenden som visar sina tydliga tendenser i olika typer av omgivningar. I öppna kända och avspända omgivningar använder en person med denna kombination mer av sitt I-beteende. I en mer okänd omgivning tenderar personen att använda mer av sitt C-beteende.

De sätt på vilka individer med IC-kombination kommunicerar med andra beror alltså mycket på situationen och vilka människor som är där. Med nära vänner eller vid festliga sammanhang har de en förmåga att uppvisa ett ganska självsäkert och utåtriktat beteende. I en formell arbetsmiljö eller i en pressad situation minskar däremot det extroverta sättet att kommunicera.

Ett autentiskt exempel på en IC-kombination

Linus är säljare på ett medelstort företag och har i sin arbetsroll ett tydligt IC-beteende. Han beskriver sig själv på följande sätt:

Jag upplever mig själv som rätt olika i olika situationer. Ibland så är jag väldigt öppen och pratar en hel del och ibland är jag nog relativt tystlåten. Det beror oftast på hur väl jag känner de personer jag kommunicerar med. När jag är bland vänner och bekanta är jag ofta väldigt avspänd och öppen, men när jag umgås med människor jag inte riktigt känner är jag mycket mer formell.

Oftast tänker jag på hur jag bör agera för att få ut bästa möjliga resultat av det jag gör. Det beror säkert på att jag ogillar att inte veta vad som förväntas av mig – både prestationsmässigt och relationsmässigt. Jag gillar att vara i centrum men jag skulle aldrig drömma om att uttrycka det inför andra, inte heller agera på ett genomskinligt sätt för att söka bekräftelse.

Jag tror nog att de flesta, även de jag känner väl, tycker att jag säger vettiga saker – även om jag ibland kanske upplevs som lite impulsiv. Att hitta lösningar och se möjligheter är mina starka sidor. När det känns tungt är det ofta jag som lättar upp stämningen bland mina arbetskamrater. Men jag gör det alltid med ett syfte. Jag vet att jag ibland tenderar att se det mesta i livet som ett projekt.

På något sätt experimenterar jag gärna med saker och ting, men bara till en viss gräns. När det gäller relationer till andra, så är jag mycket noga med att inte "trampa andra på fötterna".

Att både ge konstruktiv kritik och sälja är en konst. Det handlar inte bara om att förmedla något man vill ändra på eller få människor att köpa. Det handlar också om att få människor att själva vilja göra en förändring eller att köpa något.

Kommunikativ preferens:
Drivkraft: Att uttrycka sig snabbt och spontant och ändå vara genomtänkt
Rädsla: Att bli ogillad och tillrättavisad

Beteendemässiga styrkor:
- strukturerad och visionär
- lättsam och pålitlig
- taktfull och observant

Tecken på överexponering:
- när all feedback tas som personlig kritik
- när personlig perfektionism överskuggar allt
- när allting blir ett projekt som ska genomföras
- när andra kritiseras för att både vara oflexibla och slarviga

Beteendemässig utvecklingspotential
- låta andra ge feedback utan att ta det personligt
- vara mindre verbalt pretentiös
- säga nej till erbjudanden från andra

DS-kombination

Det är inte speciellt vanligt att en person använder en DS-kombination. Den ovanliga föreningen av faktorer som finns i den här kombinationen innebär ett förhållningssätt gentemot andra människor som i hög grad varierar.

En person som uppvisar denna typ av kombination anpassar sitt sociala beteende efter situationens krav. Resultatet av denna anpassning innebär att de i vissa sammanhang kan vara ganska dämpade, men ändå ha bestämda åsikter. Med redan etablerat relationer, visar de sannolikt ett vänligare och öppnare sätt att kommunicera.

Ett autentiskt exempel på en DS-kombination

Carola arbetar som teamledare för en grupp som administrerar fondhandeln inom en koncern. Hon beskriver sig själv på följande sätt:

Jag är bestämd, tydlig, instruerande och organiserande. Samtidigt är jag noga med att vara stöttande och se människan bakom uppgiften. Ett bevis på det är nog att jag har svårt för att tillrättavisa människor som har gjort fel, framförallt om jag vet att de gjort sitt bästa för att åstadkomma resultat. Däremot kan jag uttrycka min irritation när jag tycker att de inte gjort sitt bästa utifrån vad jag vet att de kan och borde prestera i sin roll. Samtidigt har jag lättare för att ursäkta andras brister än mina egna tillkortakommanden.

Om jag eventuellt ber andra om hjälp, så sker det först efter att jag själv provat alla möjliga lösningar som jag kan komma på. Ibland kan jag också känna att det är lite nesligt att behöva fråga om hjälp och drar mig faktiskt för att göra det. Jag är dock noga med att både vara till hjälp för andra och delegera ut uppgifter som hjälper mig och teamet att nå de uppsatta målen. Man skulle också kunna säga att jag leder vänligt men bestämt. Jag är också noga med att fråga hur folk mår och om det finns något jag kan hjälpa till med för att underlätta. Jag ser alltid till att hälsa på alla men jag har ett ganska litet antal människor som jag umgås mer med på arbetet.

Min kommunikation med andra är både instruerande och frågande för att hitta en bra lösning som åstadkommer det resultat som är önskvärt. Jag kommunicerar på ett bestämt sätt och är styrande.

Jag avgör och talar ganska snabbt om huruvida något är bra eller dåligt, eller om vi ska göra på ett visst sätt eller inte. Ibland tycker jag att jag är lite för skarp i min kommunikation och då försöker jag ta udden av det jag sagt så att andra inte tar illa upp.

Kommunikativ preferens:
Drivkraft: Att få vara tydlig och bestämma men samtidigt visa förståelse för andra
Rädsla: Att bli överkörd och uppfattas som okänslig

Beteendemässiga styrkor:
- envis och verkställande
- målinriktad och pragmatisk
- samarbetande och drivande

Tecken på överexponering:
- när det känns svårt att fråga andra
- när envisheten övervinner logiken
- när andra får rätta sig efter subjektiva rutiner och mål
- när saker och ting överarbetas

Beteendemässig utvecklingspotential
- be om hjälp och låta andra hjälpa till
- vara vaksam på egna förhastade slutsatser av en situation
- mer ingående förklara och motivera sina åsikter för andra

---

8. Gruppkaraktärer på gott och ont

Olika beteenden och kommunikationsstilar innebär inte automatiskt problem. I ett team eller en parrelation erbjuder olikheterna oftast fler fördelar än nackdelar. Nyanserade olikheter skapar förutsättningar för en synergieffekt. Till exempel kan ett D- och S-beteende komplettera varandra och fungera utmärkt tillsammans i arbetsmiljöer.

För att uppnå denna synergieffekt krävs dock en förståelse för varandras olika styrkor, svagheter och bidrag till produktiviteten. Det finns en lika stor risk att olikheterna skapar problem om det saknas psykologisk trygghet i ett team. Därför är det så viktigt att reflektera över både likheter och olikheter inom teamet och vad dessa kan bidra med för att forma teamets kultur.

Detta kapitel utforskar hur olika sammansättningar av likheter och olikheter kan påverka en gruppkaraktär. Observera att syftet med kapitlet inte är att beskriva alla faktorer som kan påverka synliga beteenden i en grupp. Det finns många variabler som påverkar hur människor agerar tillsammans, såsom kompetenser, stress, erfarenheter, arbetsuppgifter och en mängd andra faktorer. Målet med att beskriva olika gruppkaraktärer utifrån sammansättningen av naturliga beteendemönster är snarare att bidra med en pusselbit av många för att förklara varför vissa mönster utvecklas när människor arbetar tillsammans.

Balans eller obalans

En organisation, arbetsgrupp eller team behöver kunna hantera många olika utmaningar. Alltför homogena sammansättningar av människor riskerar att bli lite "endimensionella" i sitt sätt att både tänka och arbeta. Det innebär ofta att man hittar bra lösningar på vissa problem medan andra problem förblir olösta och hindrar utvecklingen.

Ett annat välkänt faktum är att innovativt tänkande ofta kommer från datt människor utgår från perspektiv när de exempelvis angriper problem eller utvecklar verksamheten. Ett högt I-beteende som avskyr repetitiva uppgifter kommer sannolikt med de flesta idéerna om hur man skulle kunna hitta genvägar för att minska de repetitiva uppgifterna. Ett högt C-beteende ställer förmodligen de mest effektiva frågorna om hur de repetitiva uppgifterna kan kvalitetssäkras. Båda aspekterna kan givetvis vara mycket värdefulla att utforska.

När en enskild individ gör en DISC-analys är det naturligt att vissa drag blir mer framträdande än andra. Om så inte är fallet blir analysresultatet både platt och svårtolkat. När det gäller ett team så har ett platt analysresultat en annan innebörd. En platt gruppprofil betyder att alla variationer av beteendemönster mellan de som ingår i gruppen tenderar att väga upp varandra. Det innebär i sin tur att teamet, i alla fall i teorin, har goda förutsättningar för att ha en god balans. Detta gäller särskilt om de olika medlemmarnas styrkor utnyttjas på bästa sätt.

Alla medlemmar bidrar till att skapa den gruppkaraktär som ett team har. Den medlem som formellt eller informellt har ledarskapsrollen kommer många gånger att ha en stor effekt på hela teamet. Ledarens påverkan av teamets gruppkaraktär sker företrädelsevis utifrån tre stora faktorer:

- Ledarens egen naturliga beteendestil omsatt i ledarskapet
- Ledarens sätt att "belöna" och "bestraffa" medarbetares beteenden utifrån sin egen naturliga beteendepreferens
- Ledarens egna värderingar som påverkar gruppens värderingar i samma riktning

Förutom ledarens påverkan blir gruppkaraktären, som tidigare nämnts, också påverkad av andelen lik- eller olikheter i ett team. Resterande del av detta kapitel innehåller kortfattade beskrivningar av några vanliga gruppkaraktärer, alla med deras naturliga för- och nackdelar. Gruppkaraktärerna är benämnda som team eftersom den största påverkan gruppkaraktär oftast sker i konstellationer där människor ska fungera som team, enkelt förklarat där medlemmarna är beroende av varandras arbete och har gemensamma mål.

DS-teamet

DS-teamet har en klar och bestämd uppfattning om sina egna värderingar och idéer. Teamet är hårt styrt av sin egen grundade kultur och dess uppdrag.

Gruppkaraktären gör så att medlemmarna sannolikt inte är så öppna för förändringar eller influenser utifrån. Det finns en risk att ett antal individer kan hamna i konflikt med varandra. Konfliktrisken beror att teamet till största delen består av två typer av diametralt motsatta beteendemönster.

Den ena stora gruppen består av tankfulla, tålmodiga och reserverade individer, medan den andra stora gruppen består av rättframma och direkta medlemmar. I detta team finns det en risk för att ett outtalat missnöje uppstår om de mindre påstridiga medlemmarna blir oeniga med de mer påstridiga. Ofta uttrycks missnöjet inte öppet, vilket kan leda till att spänningar byggs upp inom teamet över tid.

Kännetecken för DS-teamet

- Medlemmarna är väldigt mål- och uppgiftsinriktade
- Teamet har en stark identitet och tydliga värderingar
- Det finns ett motstånd mot påtvingad kontroll utifrån
- Medlemmarna vill prestera och nå resultat och produktionen är ofta god
- Väldigt få förändringar sker
- Uppmuntring av nytänkande och visionärt arbete är i princip obefintligt.
- Varken kreativt arbete eller utvärderande verksamhet främjas särskilt mycket

---

IC-teamet

IC-teamet har många starka sidor och en positiv blandning av olika mönster. Teamets medlemmar diskuterar oftast tillsammans fram möjliga alternativ innan de agerar. Sannolikt behöver ledaren fungera som "ordförande" för de övriga medlemmarnas diskussioner.

De mer utåtriktade medlemmarna intar ofta en framträdande roll i teamet. Vid praktiska problem är det troligtvis de mer systematiska medlemmarna som tar initiativ. Behovet av att upprätthålla en bra stämning och förhindra konflikter finns starkt representerat i detta team.

Det finns också ett starkt behov av att uppnå resultat snabbt och att undvika dröjsmål. Dessa behov skapar klart tänkbara orsaker till motsättningar i teamet. Medlemmarna behöver antingen lära sig att vara mer direkta och raka mot varandra samt tolerera misstag, eller visa mer tålamod om problem eller rena kvalitetsmissar ska kunna undvikas.

Kännetecken för IC-teamet

- Medlemmarnas attityder förändras utifrån situation
- Besluten fattas gemensamt
- Det är vanligt med entusiasm och vänlighet i teamet
- Teamet tar in mer än vad det ger ut
- Medlemmarna vill nå full förändring med full kontroll
- Många projekt startas snabbt och intuitivt men förväntas också kvalitetssäkras på detaljnivå
- Arbetet utan styrs av visionära tankar som trots vilja har svårt att omsättas i administration och struktur

---

DC-teamet

DC-teamet är ett team som strävar å ena sidan efter att uppnå snabba och mätbara resultat, medan de å andra sidan vill att dessa resultat skall vara av högsta möjliga kvalitet.

Det finns en dynamisk påstridighet som dämpas av en kraftig självdisciplin. Medlemmarna uppvisar ofta en formell och strukturerad ton gentemot varandra. Det finns inte särskilt stort utrymme för socialisering och sällskaplighet, mycket beroende på att den typen av aktivitet ofta uppfattas som onödig. Därför fungerar också kommunikationen främst på en uppgiftsinriktad och saklig nivå.

Medlemmarna har sannolikt inget större intresse för varandra på ett personligt plan. Man kan se en klar trend mot produktivitet och kvalité inom detta team. De flesta är för det mesta flitiga och arbetsamma. Detta är en klart stark mönsterkombination men produktiviteten kan försämras på grund av deras oförmåga att kommunicera med varandra. Teamet skulle behöva lära känna varandra på ett mer personligt plan.

Kännetecken för DC-teamet

- Medlemmarna har starka behov att både uppnå resultat och hålla kvalitet i det som görs
- Kommunikationen är formell och uppgiftsinriktad
- Det är sällsynt med informella och sociala möten
- Medlemmarna vill skapa en helhetsbild med hjälp av detaljanalyser och samtidigt leverera kvalité i snabb takt
- Människor blir sekundära objekt och man uppmuntras inte till samarbete
- Relationsinriktade aktiviteter avfärdas och betraktas som onödiga

---

IS-teamet

IS-teamet består av medlemmar som sannolikt har närmare känslomässiga band än vad som är vanligt för många andra team. Kontroll och direkthet är inte så framträdande.

Det finns å ena sidan ett stort antal reserverade medlemmar i detta team, å andra sidan också ett stort antal öppna och inflytelserika medlemmar. När de mer inflytelserika medlemmarna kan visa vägen tenderar de mer reserverade medlemmarna att bli produktiva. Saknas styrning kan både drivkrafter och motivation kraftigt sjunka.

Om de mer självständiga medlemmarna dominerar kan det försvaga teamets sammanhållning eftersom de mer reserverade medlemmarnas följsamhet och önskan att undvika konflikt kan ge de mer självständiga medlemmarna ett för stort inflytande. Teamets funktionalitet och effektivitet är som starkast när man tar vara på både de visionära och flexibla drivkrafterna tillsammans med de mer strukturerade och stabilitetssökande drivkrafterna.

Kännetecken för IS-teamet

- Medlemmarna framhäver sociala faktorer
- Det är mindre fokus på frågor rörande kontroll
- Relationerna är starka och medlemmarna bryr sig om varandra
- Teamet tar in omvärlden intuitivt och bejakar interna behov i form av att skapa rutiner
- Medlemmarna vill vara varandra till lags och lägger mycket stor tonvikt på både trygghet och uppmuntran
- Medlemmarna tar avstånd från egenarbete och kan bli kravlösa gentemot varandra för att slippa äventyra relationer

---

DI-teamet

DI-teamet har gott om beslutsamma och inflytelserika individer. Teamet är förmodligen både möjlighetsfokuserat och risktagande. Denna kombination av mönster arbetar för det mesta effektivt som ett team. De strävar efter snabba resultat och reagerar positivt på varandra.

Planeringsförmåga, intresse för noggrannhet och detaljer är troligen teamets akilleshäl. Man vill snarare ta fram en enda genomförbar plan så snabbt som möjligt och sen verkställa. Risken finns därför att teamet ibland handlar förhastat och oplanerat. För att undvika detta behövs tydlig styrning och kontroll.

Även om relationerna i teamet ofta fungerar väl, kan det lika gärna uppstå konflikter mellan praktiska och resultatorienterade medlemmar och de som lägger större vikt vid en positiv atmosfär i teamet. Det är därför viktigt att se till att båda dessa viljestarka kategorier fokuserar på rätt saker så att dessa eventuella konflikter kan undvikas.

Kännetecken för DI-teamet

- Medlemmarna är beslutsamma och resursstarka
- De flesta medlemmarna är både påstridiga och självsäkra, med förmåga att leda teamet i olika situationer
- Planering och försiktighet är inte särskilt framträdande drag
- Medlemmarna har en lös struktur och bejakar sällan eller inte alls rutiner och ramar
- Snabba resultat och kreativa idéer uppmuntras
- Lösningar i stunden kan gå före både beprövade och rutinmässiga lösningar

SC-teamet

SC-teamet är organiserat och strukturerat. Medlemmarna samarbetar sannolikt på ett engagerat och produktivt sätt, under förutsättning att de får tydliga ramar och tillräckligt med tid att slutföra uppgifterna.

Teamet verkar sällan på ett proaktivt sätt. Medlemmarna reagerar mest troligt istället på situationen när den uppstår. Det är därför viktigt att ge dessa medlemmar styrning, ledning och stöd om de skall kunna bidra effektivt till teamets verksamhet i olika situationer. Fasta regler och struktur är två nyckelaspekter för detta team.

Resultatet av denna kombination blir i allmänhet ett team där medlemmarna inte är beredda att ta risker utan föredrar att hålla fast vid beprövade och utprovade arbetsmetoder. Teamet arbetar ofta långsamt men effektivt mot de uppsatta målen. De behöver dock "lyfta på locket" och konfrontera varandra, vilket de sällan gör på grund av en gemensam motvilja mot konfrontation och konflikt.

Kännetecken för SC-teamet

- Medlemmarna samarbetar på ett engagerat och metodiskt sätt
- Teamet reagerar på en situation i stället för att agera proaktivt
- Teamet bygger från detaljnivå upp stabila och etablerade miljöer
- Medlemmarna uppvisar motstånd mot förnyelse och ogenomtänkta handlingar
- Medlemmarna godtar inte gärna snabba förändringar och kan blunda för externa krav på förändringar

---

Kom ihåg!

I en värld där samarbete många gånger är avgörande för framgång kan förståelsen för en specifik gruppkaraktär vara en nyckelkomponent. Man bör dock vara medveten om att om gruppen består av större mängd individer, tenderar olikheterna medlemmar emellan att sudda ut gruppkaraktärens tydligaste drag. I mindre grupper blir karaktären mer påtaglig, eftersom en mindre storlek gör det lättare att notera tydliga drag.

Med hjälp av DISC-modellen kan vi analysera och tolka dessa aspekter, men gruppkultur är som sagt en komplex och mångfacetterad entitet som påverkas av en rad variabler. Efterföljande variabler är också avgörande för hur väl ett team fungerar.

Utvecklingsgrad, medlemmarnas förmåga att tillsammans hantera arbetsuppgifter och samarbete utifrån uppsatta mål. Ju mer moget ett team är, desto bättre kan det anpassa sig till olika situationer och bidra till en övergripande effektivitet.

Arbetsuppgifter, vilken typ av arbete som tilldelats teamet. Tydlighet i rollfördelning, lämpliga utmaningar och möjligheter till personlig utveckling påverkar motivationen och engagemanget hos teammedlemmarna.

Ledarskapet, en kompetent och beteendeflexibel ledare kan inspirera och motivera teamet, skapa en miljö av tillit och öppen kommunikation samt hjälpa till att hantera konflikter och lösa problem effektivt oavsett vilken teamkultur som finns.

Utöver dessa parametrar finns det även andra relevanta faktorer att överväga. Till exempel spelar medlemmarnas kompetenser, erfarenheter, kommunikationsstrukturer samt tillgången till resurser och stöd en stor roll.

Sammanfattningsvis är en analys med DISC en värdefull pusselbit för att förstå teamets beteende och dynamik. Men för att få en fullständig bild av ett team och dess potential behöver man alltså beakta många andra variabler för att förstå teamets effektivitet eller, i värsta fall, dysfunktionalitet.

9. Finliret

Finlir betyder, enligt ordlistan, *elegant spel där man ger akt på detaljerna* (oftast i sport, musik, teater). Den bildliga betydelsen, i en lite mer allmän mening, är *noggrant detaljarbete*. Jag tyckte det var en bra idé att döpa detta nya kapitel till *Finlir*, framförallt eftersom det beskriver detaljerna och de delfaktorer som har betydelse för att förstå beskrivningarna i en DISC-profil.

DISC-systemet må vara känt för sina fyra grundläggande beteendestilar, men det verkliga finliret kommer fram när vi börjar förstå hur dessa påverkar varandra. Ett högt D, till exempel, ser såklart inte exakt likadant ut hos alla människor. Värderingar, erfarenheter, kompetens och allt det andra som tidigare nämnts spelar förstås en stor roll. Men rent beteendemässigt så är nyansen av ett D-beteende till en stor del beroende på hur mycket det blir påverkat av de andra tre grundbeteendena.

Förhoppningsvis har du genom bokens kapitel fått en solid förståelse för de enskilda beteendemönstren D, I, S och C. Men om du nu vill förstå det onyanserade kritiker aldrig förstått (eller åtminstone inte velat förstå), är det viktigt att inse att beteendemönstren inte verkar isolerat. De påverkar och nyanserar varandra beroende på med vilken intensitet och i vilken kombination de verkar. I detta kapitel ska vi dyka djupare in i hur de fyra grundläggande beteendemönstren samspelar med varandra.

Eftersom vi ska titta lite närmare på relationen mellan D, I, S och C kanske kapitlet är mest givande för dig som redan genomfört en DISC-analys. Framförallt om du fått ett validerat resultat illustrerat i form av grafer. Det är nämligen genom dessa som du kan utröna de finkorniga beskrivningarna av din beteendebeskrivning. De kallas ibland, som exempelvis i denna bok, för *beteendetendenser*. Men de kan också kallas för *delfaktorer* eller *subkategorier*, beroende på med vilket DISC-instrument du genomfört din analys.

Hur enskilda beteendetendenser framträder kan liknas vid ett koncentrat som blandas ut med vatten. Om du har ett starkt koncentrat och inte spär ut det, får du en kraftig smak som tar över allt annat. På samma sätt fungerar beteendetendenser. När det finns en tydlig skillnad mellan två grundbeteenden framträder en tydlig beteendetendens. Det handlar alltså om hur mycket ett grundbeteende tillåts påverkas av ett annat grundbeteende. Låt oss ta ett exempel – relationen mellan I och S. Om S har hög intensitet och I låg intensitet blir den specifik beteendetendensen *Eftertänksam* tydlig. Ju mer I-beteendet ökar desto svagare blir den beteendetendensen *Eftertänksam* som framträder när S har hög intensitet och I låg intensitet. Det är som sagt att blanda ett koncentrat med vatten. Ju mer ett grundbeteende påverkas av ett annat grundbeteende, desto mer "utspätt" blir det och desto mindre framträder den ursprungliga starka beteendetendensen.

Det är också viktigt att påpeka att om förhållandet är det omvända från exemplet ovan, det vill säga att I har starkare intensitet än S, framträder en helt annan beteendetendens som vi kallar *Dynamisk*. Det betyder i teorin alltså att om *Eftertänksam* är en stark beteendetendens i din profil är således *Dynamisk* en svag beteendetendens och vice versa. Beteendetendenserna förklarar ofta varför olika personer med samma grundbeteende kan visa olika beteendemönster i olika situationer.

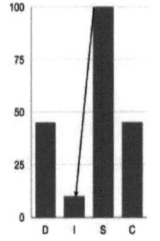

Exempel stort gap, S över I

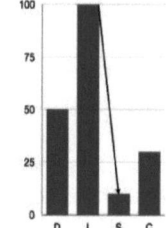

Exempel stort gap, I över S

På efterföljande sidor kan du läsa om de 12 beteendetendenser som finns i resultatet av en DISC-analys. Beteendetendenser kan ge vissa svar på varför en individ agerar som den gör, men det är självklart också viktigt att beakta individens unika personliga bakgrund, erfarenheter och kontext. Dressa faktorer har ibland en större betydelse än vilka tydliga beteendetendenser en person har.

Varje grundbeteende har tre underliggande beteendetendenser, beroende på vilket DISC-verktyg eller instrument du använder kan dessa beteendetendenser ha olika namn. Fastna därför inte i de specifika namnen som används här, fokusera istället på beskrivningarna de representerar.

184

Ju mindre D-beteendet är påverkat av de andra tre grundbeteendena, desto större är sannolikheten att vi ser följande beteendetendenser:

- *Drivande* (starkt D och svagt I) – fokuserar mer på få ett snabbt resultat än på att få människor med sig.
- *Självstartande* (starkt D och svagt S) – fokuserar mer på att agera själv än att låta sig påverkas av andra.
- *Oberoende* (starkt D och svagt C) – fokuserar mer att skapa egen kontroll än att efterfölja befintliga regler.

Ju mindre I-beteendet är påverkat av de andra tre grundbeteendena, desto större är sannolikheten att vi ser följande beteendetendenser:

- *Övertygande* (starkt I och svagt D) – fokuserar mer på att influera och entusiasmera andra än att styra och kontrollera dem.
- *Dynamisk* (starkt I och svagt S) – fokuserar mer på att aktivt uttrycka egna spontana idéer och åsikter än att fråga efter andras.
- *Öppen* (starkt I och svagt C) – fokuserar mer på att ta kontakt och bygga relationer än att vänta in andras initiativ.

Ju mindre S-beteendet är påverkat av de andra tre grundbeteendena, desto större är sannolikheten att vi ser följande beteendetendenser:

- *Tillmötesgående* (starkt S och svagt D) – fokuserar mer på att arbeta metodiskt med andra än att nå egna snabba resultat.
- *Eftertänksam* – (starkt S och svagt I) fokuserar mer på att vänta in och reflektera än att direkt och spontant uttrycka sig.
- *Principfast* – (starkt S och svagt C) fokuserar mer på att skapa förutsägbarhet och lyssna på andra än att göra rätt utifrån regelverk.

Ju mindre C-beteendet är påverkat av de andra tre grundbeteendena, desto större är sannolikheten att vi ser följande beteendetendenser:

- *Specifik* (starkt C och svagt D) – fokuserar mer på att agera utifrån förväntningar och reglverk än att agera snabbt för att få resultat.
- *Vaksam* (starkt C och svagt I) – fokuserar mer på logiska argument och säkerställande än att agera snabbt och intuitivt.
- *Observant* (starkt C och svagt S) – fokuserar mer på att uppfylla och säkerställa att rätt saker görs än att ta hänsyn till andras behov.

D-beteendets tre beteendetendenser

Föreställ dig en person med ett mycket tydligt D-beteende. Med utgångspunkt i vad som beskrivits i denna bok ser du sannolikt en person som är direkt, resultatfokuserad och rak. Du skulle säkert kunna addera typiska beteenden såsom; tar ofta ledning och trivs med att ta kontroll över situationer. Kanske skulle du också säga att personen föredrar att lösa problem snabbt och effektivt, är rak i sin kommunikation och kan upplevas som både tävlingsinriktad och otålig när saker går långsamt.

Det rena D-beteendet är som en kraftfull motor som alltid kör på full fart, oavsett väg eller terräng. Det är synonymt med resultatfokus, beslutsamhet och en ständig strävan av att vinna. Men även om D-beteenden har några grundläggande tendenser, så kan deras uttryck variera beroende på hur mycket de påverkas av de andra grundbeteendena I, S och C.

Låt oss redogöra för de tre huvudsakliga beteendetendenserna inom D-beteendet: *drivande, självstartande* och *oberoende*. Med både inspiration, en dos av humor samt en verklighetsnära beskrivning hoppas jag ge dig insikter för att verkligen förstå hur de fungerar i praktiken.

drivande – självstartande – oberoende

D över I

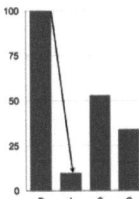

Drivande är en beteendetendens som blir framträdande när en person har högt D och lågt I. Personer med denna beteendetendens är starkt fokuserade på att ta ledningen, fatta snabba beslut och fokusera på resultatet i första hand. De tenderar att vara beslutsamma och starkt uppgiftsinriktade när de tar på sig roller med auktoritet och ansvar.

De är ofta primärt drivna av att uppnå resultat och ta kontroll över situationen. Deras kommunikationsstil är vanligtvis direkt, rak på sak och de betonar snabba framsteg. Det kan innebära att de ibland till och med kan offra goda relationer för saker gjorda. De ogillar starkt "mycket snack och liten verkstad".

De är mindre intresserade av den sociala aspekten och av att bygga relationer. Istället fokuserar de på uppgifter och att uppnå mål. Inte sällan är de självständiga och kan föredra att arbeta ensamma eller i positioner där de har fullständig kontroll över arbetsprocessen.

Drivande: "Här ödslar vi inte tid på att snacka"

Är du en person som stormar in på kontoret, eller hemma, med ett enda mål i sikte: Att avsluta projektet innan lunch, oavsett vad som står i vägen. Då har du säkert också en naturlig förmåga att få saker gjorda. När gapet mellan D och I är stort, handlar allt om uppgiften och resultatet. Relationer? Kanske senare. Nu gäller det att gå i mål till varje pris.

Ett typiskt exempel på denna beteendetendens är en chef som kastar sig in i ett möte utan småprat eller presentation. "Okej, vad har vi för status? När kan vi vara klara?" Ingen tid för trevliga frågor om hur helgen var eller om någon vill ha kaffe. Det handlar om att få jobbet gjort – och det fort! Det är förmodligen en chef som ibland kan offra relationer i sitt fokus på mål och ser heller inte värdet av att bygga starka band i teamet. En sådan chef kan få andra att prestera på hög nivå, även om det innebär att han trampar dem lite på tårna längs vägen. Han är en person som kör till jobbet medan han samtidigt skickar röstmeddelanden till sina kollegor om nya uppgifter. Multitasking? Ja, men bara om det betyder att saker blir klara snabbt utan omvägar. Han är som en racerbil på en bana, alltid med blicken på mållinjen och inte mycket intresse för landskapet runt omkring.

187

Kort reflektion

Vad har du för relation till beteendetendensen *drivande*?

☐ Den är starkt framträdande hos mig.

☐ Den är varken eller.

☐ Den är inte framträdande hos mig.

När I dämpar intensiteten på D

Tänk på föregående chef. En person som vanligtvis är uppgiftsinriktad, oberoende och alltid vill driva saker framåt. Han ser mycket snack och liten verkstad som hinder för framsteg och är van vid att fatta snabba beslut, även om det innebär att han måste gå emot gruppens behov.

Men om han låter sitt I påverka sitt D börjar han använda mer av sin sociala kompetens för att vinna andras förtroende och engagemang, snarare än att bara gå framåt på egen hand. Istället för att driva på och ta snabba beslut utan att fråga, lär han sig att sälja in sin vision till andra och skapa samarbete kring sin idé.

I en dynamisk och snabbföränderlig omgivning där social påverkan och samarbete blir allt viktigare, kanske chefen märker att hans tidigare självständiga och rent uppgiftsinriktade approach skapar friktion och att andra då är mindre villiga att stödja hans idéer.

Genom att dämpa den drivande beteendetendensen i hans ledarskap börjar han förstå att det inte bara handlar om att vara snabb och beslutsam, utan också om att vinna andras förtroende och bygga relationer för att verkligen lyckas genomföra sina visioner. Han inser att den sociala dynamiken i ett team är minst lika viktig som att vara uppgiftsfokuserad. Inte sällan kan denna balans i ett ledarskap skapa ännu bättre resultat i slutändan. Det chefen behöver förstå är att det inte är ett antingen eller förhållande mellan D och I, det kan faktiskt vara ett "både och-förhållande".

D över S

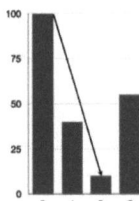

Självstartande är en beteendetendens som blir framträdande när en person har högt D och lågt S. Att agera snabbt och på eget initiativ är en viktig ingrediens i denna beteendetendens. Den här typen av person känner ett behov av att vara aktiv hela tiden och kan ha svårt för de som inte kan hänga med i ett snabbt tempo.

Personer med denna beteendetendens behöver ingen startknapp – tvärtom, det är de som driver på andra att komma igång. De reagerar snabbt i nya situationer, är orädda för att kommunicera rakt på sak och vågar prova nya lösningar. Långdragna diskussioner och förberedelser som inte leder till aktion är inget för dem.

Ofta kan de vara otåliga och direkta samt har en mycket stark "resultat här och nu"-attityd som medför ett behov av snabbt komma igång och snabbt lösa problem. De reagerar direkt på nya händelser, men tappar nästan aldrig fokus på sina egna mål och ambitioner.

Självstartande: "Hur svårt kan det vara?"

Här pratar vi om dig som aldrig skulle fastna i att vänta på någon annan för att få saker att hända. När gapet mellan D och S är stort framträder denna beteendetendens. Är den stark hos dig kan ditt motto vara: "Varför vänta till imorgon när vi kunde ha gjort det igår?" Du känner igen dig själv som en person som är i konstant rörelse och har en inre drivkraft som aldrig saktar ner. Du har inte ofta inte tid för långa möten eller att vänta på att alla ska vara överens. Du har säkert vid otaliga tillfällen hört dig själv säga: "Hur svårt kan det vara?"

Tänk dig ett arbetsmöte där en projektplan ska diskuteras. Medan alla andra i rummet diskuterar tidsramar och detaljer, har den självstartande medarbetaren redan börjat agera på mycket lite information. Hon ser inga hinder, bara möjligheter och om andra inte är med på tåget – ja, då tar hon bara över tåget. Hon kan dock skapa frustration hos mer långsamma och eftertänksamma personer, mycket beroende på att hon har svårt att förstå varför någon inte bara kan börja direkt. Lite som när någon frågar om hon kan tänka sig att vänta tills teamet kommit överens om en ny strategi. Hennes svar? "Tja, men jag har redan börjat, så häng med om ni vill!"

Kort reflektion

Vad har du för relation till beteendetendensen *självstartande*?

☐ Den är starkt framträdande hos mig.

☐ Den är varken eller.

☐ Den är inte framträdande hos mig.

När S dämpar intensiteten på D

Föreställ dig nu samma arbetsmöte som tidigare nämnts där projektplanen ska diskuteras. Vår "självstartare", som vanligtvis påbörjat arbetet redan innan mötet ens var slut, visar nu mer hänsyn till gruppens behov. Hon har fortfarande sin drivkraft och önskan att agera, men med ett ökat S blir värdet i att låta processen ta sin tid, lyssna på andras perspektiv och respektera gruppens beslut viktigare än en snabb start.

Hon är fortfarande engagerad och ser möjligheter överallt, men hon ger mer utrymme för att teamet ska hinna med. När någon föreslår att de ska diskutera en strategi innan de agerar, är hennes reaktion inte längre "Jag har redan börjat, så häng med om du vill!", utan snarare: "Jag har några idéer på gång, men låt oss säkerställa att vi alla är överens innan vi går vidare." Hon börjar värdera samförstånd och stabilitet mer. Och även om hennes initiativförmåga är kvar, börjar hon också förstå värdet av att låta alla delta och skapa en gemensam plan innan hon sätter igång.

I en miljö där teamarbete och harmoni är avgörande för framgång, kan hon känna att hennes tidigare självständiga approach skapar onödig stress eller konflikt. Kanske får hon feedback från kollegor om att hennes sätt att agera snabbt lämnar dem bakom, eller så märker hon att vissa uppgifter blir bättre utförda när alla i teamet får en chans att delta fullt ut. I sådana fall kan hennes motivation komma från en önskan att minska konflikter, bygga starka relationer och skapa en långsiktigt stabil miljö där alla känner sig delaktiga.

D över C

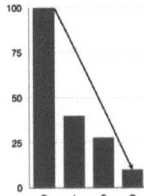

Oberoende är en beteendetendens som blir framträdande när en person har högt D och lågt C. Personer med denna beteendetendens är ofta riskvilliga, beslutsamma och benägna att ifrågasätta regler och normer. De har en stark vilja att ta kontroll över situationer och beslut.

I deras ögon är det nästan alltid för snäva regler och ramar. De kan ha en tendens att kommunicera provokativt för att utmana etablerade strukturer och få andra att tänka utanför boxen. Inte sällan är de också i och med detta beredda att ta risker för att få som de vill. De ogillar långa diskussioner som fokuserar vad som kan gå fel.

De är ofta starkt inriktade på att skapa förändring och bryta ny mark. Deras drivkraft ligger i att ta kontroll över sin situation genom att ta egna initiativ för att uppnå det de vill. Det innebär att de ofta följer sina egna idéer och inte alltid är benägen att lyssna på "best practice".

Oberoende: "Jag gör det på mitt sätt"

Är du ofta den som inte bara utmanar befintliga regler utan också tycker att regler är till för andra, i alla fall om de hindrar dig att göra som du vill. Då har du troligen ett stort gap mellan D och C. Du drivs säkert till viss del av en övertygelse om att du själv vet bäst hur saker ska göras. Har någon skrivit ut detaljerade arbetsinstruktioner? Pfft, du tar det som ett förslag, inte som instruktioner eller regelverk. Du ser dig själv som en innovatör och problemlösare som inte är rädd för att gå din egen väg – även om den vägen är full av risker.

Föreställ dig en produktutvecklare som fått en tydlig uppgift: Följ den noggrant specificerade designmanualen för att skapa en ny produkt. Den starkt oberoende produktutvecklaren kommer inte att hålla sig till de skrivna reglerna. Designmanualen är bara ett hinder för kreativitet. Även om alla andra följer reglerna till punkt och pricka, tar han beslutet att tänka utanför ramarna. En vision som går bortom vad manualen föreskriver kräver ett okonventionellt förhållningssätt = bryta mot normerna. När ledningen ber honom förklara varför han avviker från standardprocessen svarar han utan att blinka: "Jag såg en bättre väg framåt." "Ett regelverk är endast begränsningar och möjligheter föds när det tänjs på gränser".

 **Kort reflektion**

Vad har du för relation till beteendetendensen *oberoende?*

☐ Den är starkt framträdande hos mig.

☐ Den är varken eller.

☐ Den är inte framträdande hos mig.

När C dämpar intensiteten på D

Tänk på den beskrivne produktutvecklaren som vanligtvis är självstän-
dig, målinriktad och alltid strävar efter att gå sin egen väg utan att låta
sig begränsas av regler eller normer. Han ser ofta formella riktlinjer som
hinder för sin kreativa frihet. För honom handlar det om att hitta nya,
bättre lösningar – även om det innebär att bryta mot standardprocesser.
Han är inte rädd för att ta risker och avviker ofta från den föreskrivna
vägen för att uppnå det han vill.

Men när han låter sitt C få dämpa sitt höga D, sker en förändring. Han
börjar inse att det ibland är mer värdefullt att genomföra saker med
större noggrannhet samt att klargöra förväntningar och regler för att
kunna göra det. Istället för att direkt trotsa reglerna och gå emot alla
andras metoder, lär han sig att först att analysera fördelarna med de
befintliga riktlinjerna.

Då han tidigare endast skulle ha sagt "Jag såg en bättre väg framåt" när
han avviker från processen, förklarar han nu sin tanke på ett mer spe-
cificerat sätt där också svaret på varför vi eventuellt ska tänja på grän-
serna är tydligt. Kanske låter det lite mer som: "Jag tror verkligen att
den här idén kan förbättra slutresultatet. Låt mig visa hur vi kan tänka
utanför ramarna och samtidigt hålla oss inom de viktigaste riktlinjerna."

Kanske har han märkt att hans tidigare metoder, att agera utan att
fråga, har lett till motstånd från kollegor och chefer. Genom att vara mer
noggrann i sina beskrivningar kan hans idéer kan få större genomslag.
Han lär sig att det inte bara handlar om att vara den starkaste rösten i
rummet, utan vara den som har gjort sin tydliga analys innan han kan
få stöd för sina initiativ.

I-beteendets tre beteendetendenser

Föreställ dig en person med ett mycket tydligt I-beteende. Utifrån vad du redan vet om hur det beteendet har beskrivits tidigare så ser du sannolikt en individ som är kommunikativ, positiv och inflytelserik. Du skulle säkert lägga till typiska beteenden som att personen älskar att vara i centrum, har lätt för att skapa nya kontakter och drivs av att inspirera och påverka andra. Kanske skulle du också säga att personen ofta sprider glädje i gruppen, är snabb på att läsa av stämningar och kan upplevas som både entusiastisk och lite impulsiv när saker inte är tillräckligt engagerande eller spännande.

Det rena I-beteendet är som en strålkastare på en scen, alltid riktat mot andra för att skapa positiv energi och engagemang. Det är synonymt med relationer, påverkan och en ständig strävan att ha kul och skapa samhörighet. Men även om I-beteenden har några grundläggande tendenser, så kan uttrycket variera beroende på hur mycket de påverkas av de andra grundbeteendena D, S och C.

Låt oss nu därför dyka djupare ner i de tre huvudsakliga beteendetendenserna inom I: *övertygande*, *dynamisk* och *öppen*. Min ambition är att göra det med glimten i ögat och så verklighetsnära som jag bara kan. Allt för att ge dig en chans att få reflektera över hur de tar sig uttryck i den praktiska tillämpningen.

övertygande – dynamisk – öppen

I över D

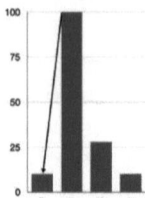

Övertygande är en beteendetendens som blir framträdande när en person har högt I och lågt D. Dessa personer är vanligtvis utåtriktade, sociala och har en stark förmåga att påverka och inspirera andra i sin omgivning. Personer med denna beteendetendens trivs för det mesta i sociala sammanhang och har en naturlig förmåga att bygga och underhålla relationer.

Inte sällan uppträder de entusiastiskt, varmt och influerande. Mycket av deras styrka ligger i att motivera och påverka människor genom att vara både charmiga och lättsamma. De har lätt för att prata och kan också prata om nästan vad som helst. De ogillar avskalade diskussioner utan ett socialt utbyte.

De tenderar att vara mer intresserade av att samarbeta och bygga relationer än av att leda andra. De har en benägenhet att snabbt läsa av människors känslor och kan vara ytterst duktiga på att få andra att känna sig bekväma i ett samtal. Ibland ser de sig själva som ansvariga för att skapa en positiv atmosfär.

Övertygande: "Och bilen går bra ... ?"
Är du en person som när du kommer in i ett rum tenderar att fånga allas uppmärksamhet med ditt varma leende och närvaro. När du har ett högt I och ett lågt D kan denna typ av beteende vara naturligt för dig. Du gillar förmodligen inte att dominera eller bestämma över andra, du är snarare här för att inspirera, knyta band och vinna människor över på din sida.

Tänk dig en chef med en näst intill magisk förmåga att få alla att känna sig viktiga och inkluderade. På en arbetsplats är hon den som alltid har en uppmuntrande kommentar redo. I möten är hon en mästare på att skapa en positiv stämning. En chef med denna beteendetendens bygger relationer som en skicklig arkitekt, både genom att förstå vad andra behöver och samtidigt erbjuda sitt stöd. När teamet tvivlar eller känner sig osäkra, är chefen där för att övertyga dem om att de kan uppnå vad de än vill. Stilen är trovärdig, inte genom kraft, utan genom social intelligens. När andra skulle pressa på för att få sin vilja igenom, väljer hon en annan väg. Med charm, ett varmt hjärta och kommunikativ skicklighet får hon andra att frivilligt ansluta sig till de idéer hon presenterar.

 **Kort reflektion**

Vad har du för relation till beteendetendensen *övertygande*?

☐ Den är starkt framträdande hos mig.

☐ Den är varken eller.

☐ Den är inte framträdande hos mig.

När D dämpar intensiteten på I

Tänk på chefen i föregående exempel som har ett typiskt högt I över D. Hon är alltid i centrum på mötena, sprider entusiasm och får alla att känna sig motiverade. Hon kan prata sig igenom nästan vilken situation som helst och har en fantastisk förmåga att vinna över folk på sin sida. Beakta då vad som kan hända om hennes D börjar göra sig mer påtagligt. Då är hon inte bara är ute efter att få folk att må bra, utan tar också ett större ansvar att styra dem mot specifika mål.

Tänk dig att hon precis pitchat en ny affärsstrategi för ledningen. Med ett stort gap mellan I och D skulle hon som vanligt ha använt all sin naturliga charm och övertalningsförmåga för att vinna deras förtroende, men nu är hon också tydlig och målinriktad i sitt tillvägagångssätt. Hon får med sig människor, men gör det med en strukturerad plan och beslutsamhet. Hon är inte längre bara en inspirerande visionär, utan också en ledare som kan ställa krav och följa upp på konkreta resultat utan att lägga allt för stor vikt vid vad andra ska tycka.

Förändringen av en beteendetendens sker ofta som en naturlig respons på omvärldens krav eller utifrån ett inre motiv. Någon som tidigare har förlitat sig på sin sociala förmåga kan börja inse att det inte alltid räcker att bara inspirera och övertyga människor. Ibland krävs mer beslutsamhet, kontroll och målinriktning för att driva förändring och nå resultat.

För den ovanstående chefen kan det exempelvis vara pressen på att leverera snabba och mätbara resultat i en konkurrensutsatt marknad, som får henne att dämpa sin naturliga beteendetendens. Det önskade resultatet kanske är att med en rakare och lite mer avskalad kommunikation kunna ställa krav och fatta snabbare beslut. Det handlar inte om att bli mindre samarbetsvillig, utan snarare om att balansera relationer med en starkare inriktning på prestation och framsteg.

I över S

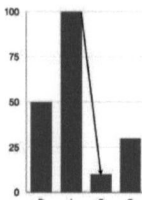

Dynamisk är en beteendetendens som blir framträdande när en person har högt I och lågt S. Personer med denna beteendetendens är utåtriktade och entusiastiska. Ofta uppvisar de en stark förmåga att påverka sin omgivning med hög energi och stark intensitet. Att stå i centrum är för dem mer en regel än ett undantag.

De trivs i sociala sammanhang och har en tendens att vara energiska, spontana och engagerande i sin kommunikation. De skapar ofta en energifyllda och spontana diskussioner där nya idéer kan få avlösa varandra och inspirera till förändring och kreativitet. De ogillar när människor uppträder håglöst och tystlåtet.

Personer med denna beteendetendens är ofta samarbetsvilliga men framförallt kan de vara en energifull motivator för andra. Deras entusiasm smittar ofta av sig till andra och deras idéer kan inspirera till att se nya möjligheter. De är vanligtvis mycket snabba på att läsa av och anpassa sig till olika miljöer.

Dynamisk: "Jajjamen, jag är på!"

Är du den där estradören som inte drar sig för att vara festens medelpunkt? Den som alltid verkar ha något nytt och spännande på gång. Säger andra att din energi är smittsam och att din förmåga att tänka snabbt imponerar? Har du dessutom en naturlig förmåga att anpassa ditt sätt att agera som gör dig till en social kameleont? Ja då är chansen stor att gapet mellan ditt höga I och låga S är stort och att du därmed har ett starkt drag av ovanstående beteendetendens.

Föreställ dig en digital kreatör som är känd för att ständigt komma med nya idéer. Han kastar sig in i projekt med en otrolig entusiasm och har alltid ett leende på läpparna. Han driver framåt med passion, men är också mycket spontan och kan ibland hoppa mellan idéer så snabbt att andra har svårt att hinna med. För honom är förändring och rörelse naturliga tillstånd. Han kan få ett möte att kännas som ett energifyllt brainstormingpass där alla idéer plötsligt känns möjliga. Hans dynamiska och engagerande sätt gör att han får med sig folk, inte för att han tvingar dem, utan för att de vill vara en del av den energifyllda resa han tar dem på. Behöver du hjälp att komma igång, kan du alltid lita på att denna digitala kreatör finns där för att tända gnistan.

Kort reflektion

Vad har du för relation till beteendetendensen *dynamisk*?

☐ Den är starkt framträdande hos mig.

☐ Den är varken eller.

☐ Den är inte framträdande hos mig.

När S dämpar intensiteten på I

Tänk på föregående exempel, den digitala kreatören som driver ett innovationsprojekt. Han är alltid den som står i centrum, med nya idéer som poppar upp i en strid ström. Hans team älskar hans energi, men ibland kan hans snabba tempo skapa förvirring och stress.

Efter att ha fått feedback om att några i teamet känner sig överväldigade, börjar han gradvis dämpa sitt höga I med sitt S. Han blir en energisk diplomat. Han förblir spontan, men är mer uppmärksam på andras behov och säkerställer att alla är med på tåget innan han hoppar vidare till nästa idé. Han börjar också inkludera fler i beslutsprocessen och skapar en mer omtänksam och inkluderande arbetsmiljö.

Kanske har han, som tidigare mest förlitat sig på sin dynamiska stil, börjat inse att det inte alltid räcker med att hitta snabba lösningar genom att brainstorma utifrån sin egen infallsvinkel. Ibland krävs mer samarbete, reflektion och planering för att kunna arbeta i ett snabbt tempo med mycket kreativa idéer. Han inser att hög energi inte alltid lösningen för att skapa kreativa processer.

Han har också möjligen märkt att hans team, som naturligtvis är en blandning av olika personligheter, fungerar bäst när det finns en balans mellan hög energi och stödjande struktur. Feedback från hans kollegor och behovet att minska stress i gruppen kanske har gjort att han inser vikten av att anpassa sin kommunikation och sitt tempo till en mer stabil och inkluderande stil.

I över C

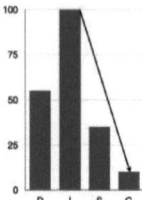

Öppen är en beteendetendens som blir framträdande när en person har högt I och lågt C. Personer med denna beteendetendens är vanligtvis utåtriktade, sociala och har en stark önskan om att få bygga en god stämning. Men de har även en benägenhet att undvika konflikter och strävar ständigt efter att ha kul.

De trivs i sociala sammanhang och har en naturlig talang för att initiera kontakt med nya personer och skapar ofta en stor social plattform. Ofta är de samarbetsvilliga, vänliga och har en förmåga att agera bekvämt i vilken nya sociala situation. Däremot ogillar de starkt när andra endast ifrågasätter, kritiserar och inte bjuder på sig själva.

Personer med denna beteendetendens har en stark drivkraft att kommunicera och socialisera. De är naturligt spontana och lägger mindre vikt vid formella regler och planering, vilket å ena sidan innebär att de snabbt ställer om när så behövs, å andra sidan möjligen har en övertro på att de kan hantera saker i farten utan riktlinjer.

Öppen: "Jag kan prata om allt – med alla"

Är du den typ av person som inte bara är bra på att umgås, utan nästan lever för det. Då har du sannolikt ett stort gap mellan ditt höga I och låga C. Du känner alla på kontoret, vet när någon behöver ett vänligt ord och har alltid tid för en snabb pratstund vid kaffemaskinen. Men det är inte bara dina sociala förmågor som sticker ut, det är också din sociala självsäkerhet i dessa situationer. Med en orädd approach tar du initiativ till allt från informella diskussioner till att skapa nya affärsmöjligheter.

Detta är exempelvis en konsult som för det mesta tycker regler och strukturer känns trånga eller överdrivet formella och i samråd med andra smidigt navigerar runt dem. Hon känner ingen oro över en avsaknad av en detaljerad plan, utan litar på att saker löser sig. Själva interaktionen är mycket viktigare än att hålla sig strikt till riktlinjer och regelverk. Hon bygger sitt arbete runt människor och löser det mesta genom kontakter. När andra kan vara försiktiga eller osäkra på hur man ska närma sig ett samarbete, kliver hon fram med en social självsäkerhet. Hon hanterar de mest komplicerade sociala situationer med ett leende och vet hur man undviker konflikter för att istället smidigt hittar lösningar som gör andra nöjda.

Kort reflektion

Vad har du för relation till beteendetendensen *öppen*?

☐ Den är starkt framträdande hos mig.

☐ Den är varken eller.

☐ Den är inte framträdande hos mig.

När C dämpar intensiteten på I

Tänk på konsulten som vanligtvis är skicklig på att använda sina kontakter för att lösa problem. Hon är van vid att ta saker som de kommer, utan att känna sig begränsad av regler eller strukturer. När andra oroar sig över att sakna en detaljerad plan eller är osäkra på hur man ska närma sig en komplex situation, kliver hon fram med ett leende och navigerar smidigt runt hinder, ofta utan att ens fundera på vad som gäller. För henne har människorna i processen alltid varit viktigare än formella riktlinjer.

Men när hon tillåter sitt C påverka hennes naturliga I, sker en subtil men viktig förändring. Hon börjar gradvis inse värdet av att ha en mer systematisk metodik och att följa strukturer för att undvika framtida problem eller missförstånd. Istället för att bara förlita sig på sin sociala kompetens och sitt nätverk för att lösa problem, börjar hon strukturera tillvaron och lägga mer vikt vid detaljer och riktlinjer.

Hon märker kanske att detta ger henne en viss trygghet. Hon kan fortfarande använda sin sociala talang för att hantera oväntade situationer, men hon känner sig nu också mer förberedd. Hon kan utveckla en balans där hon kan skapa ordning och struktur utan att förlora sin sociala förmåga.

Kanske har hon börjat arbeta i en mer formell eller reglerad bransch där det finns högre krav på att följa processer och regelverk, eller så har hon stött på utmaningar där en mer systematisk metodik hade kunnat rädda situationen tidigare. Kanske har feedback från kunder eller kollegor gjort henne medveten om att även de mest karismatiska personer ibland behöver ha en tydlig plan för att hålla allt på rätt spår. Förändringen tar inte bort hennes naturliga beteendetendens, utan förfinar den och gör henne troligen ännu mer effektiv och anpassningsbar.

199

S-beteendets tre beteendetendenser

Föreställ dig en person med ett starkt S-beteende. Med tanke på vad du tidigare läst skulle du troligtvis beskriva den som lugn, stabil och samarbetsvillig. Du skulle säkert lägga märke till att personen har en naturlig förmåga att skapa lugn och stabilitet i sin omgivning, samt en strävan att bygga relationer präglade av empati och förståelse. Kanske hade du också lagt till att personen har en benägenhet att undvika konflikter samt värderar harmoni och samarbete högt.

Det rena S-beteendet är som en trygg hamn i en storm, alltid redo att erbjuda stöd och en känsla av gemenskap. Det handlar om att vara närvarande för andra, att lyssna och att skapa en atmosfär där människor kan trivas och växa. Men även om S-beteendet har sina grundläggande karaktäristika, kan dess uttryck variera beroende på hur det påverkas av de andra grundbeteendena D, I och C.

Låt oss nu utforska de tre huvudsakliga beteendetendenserna inom S: *tillmötesgående, eftertänksam* och *principfast*. Med en inspirerande ton och en öppenhet för nya insikter kommer vi att utforska hur dessa tendenser fungerar i praktiken och hur de kan påverka både individen och gruppen.

tillmötesgående – eftertänksam – principfast

S över D

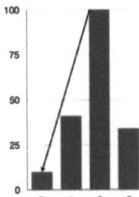

Tillmötesgående är en beteendetendens som blir framträdande när en person har högt S och lågt D. Personer med denna beteendetendens är vanligtvis avslappnade, stödjande och har en stark vilja att skapa en harmonisk och vänlig arbetsmiljö. De har ett behov av att utbyta tankar och samarbeta för att ta fram olika typer av lösningar genom diskussion och dialog.

De är ofta tålmodiga, lyhörda och benägna att undvika konflikter. Personer med denna beteendetendens kan ofta acceptera att det finns saker som de inte kan påverka och behöver acceptera som de är. De orkar vanligtvis också arbeta med repetitiva uppgifter där andra tröttnar. De ogillar när andra försöker driva igenom sin vilja utan att diskutera.

Dessa personer tenderar att vara mer benägna att arbeta i harmoni med andra och undvika auktoritära roller. De är bra på att lyssna och visa empati, dessutom har de en förmåga att bidra med ett lugn och att arbeta för en stabil atmosfär i en grupp.

Tillmötesgående: "Alla har något att bidra med ..."
Är du en person som sprider ett lugn och inger trygghet när du möter andra? När gapet mellan ett högt S och lågt D är stort, är det sannolikt att denna beteendetendens är tydlig. Det är naturligt att lyssna och erbjuda stöd på ett sätt som gör att andra känner sig sedda och hörda. Stabilitet värderar du högt och är ofta noga med att skapa just det.

Tänk dig en präst som alltid är den som erbjuder sitt öra när någon behöver prata. Han är den som finner glädje i att skapa en trygg atmosfär där människor känner sig bekväma att dela sina tankar och känslor. Han är lugn, empatisk och tar sig tid för att se till att alla får komma till tals, vilket gör att han ofta blir den som skapar samförstånd och enighet bland sina församlingsmedlemmar. Med sin tålmodiga inställning tenderar han att undvika konflikter och ser istället till att bygga relationer baserade på ömsesidig respekt och förståelse. Om någon i församlingen kämpar med en utmaning, är han där för att ge stöd, inte för att döma eller pressa på förändringar. Han ser ofta de långsiktiga fördelarna med att låta människor växa i sin egen takt och erbjuder vägledning utan att försöka dominera. Hans tålmodiga stil gör honom till en ovärderlig tillgång i situationer där andra kan känna sig osäkra eller pressade.

Kort reflektion

Vad har du för relation till beteendetendensen *tålmodig*?

☐ Den är starkt framträdande hos mig.

☐ Den är varken eller.

☐ Den är inte framträdande hos mig.

När D dämpar intensiteten på S

Föreställ dig nu samme präst som alltid är omtänksam och stödjande i sitt arbete. Han är den person alla kan vända sig till när de behöver råd eller bara någon som lyssnar. Hans stabilitet och lugn är hans största styrkor och han tar sin tid för att verkligen förstå varje individs behov och situation.

Men när han låter sitt D dämpa S, sker en förändring i hur han närmar sig sitt arbete. Istället för att vara den som alltid väntar in människor och låter dem komma till honom, börjar han nu ta mer initiativ och agera som en drivande kraft i sitt samfund. Han inser kanske att vissa förändringar behöver ske snabbt och att han ibland måste ta snabba beslut för att säkerställa att församlingens anställda går i rätt riktning.

Nu är han inte bara en empatisk lyssnare, utan också en ledare som ser till att driva förändring. Kanske har han märkt att hans församling har fastnat i gamla rutiner och behöver någon som tar tag i saker och leder vägen framåt. Han blir en person som både lyssnar och agerar. En ledare som tar ansvar för att leda sin grupp genom förändringar, utan att förlora sin omtanke och tillmötesgående approach.

Kanske har han också fått feedback om att hans lugna och avvaktande stil ibland hindrat framsteg i församlingen, som ett resultat har han börjat använda sin drivkraft för att skapa en balans mellan handling och eftertanke.

S över I

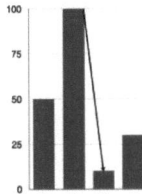

Eftertänksam är en beteendetendens som blir framträdande när en person har högt S och lågt I. Personer med denna beteendetendens är vanligtvis lugna, metodiska och har en stark vilja att upprätthålla stabilitet och bevara traditioner. De trivs i stabila och förutsägbara miljöer där människor är hänsynstagande och lugna.

De agerar väldigt sällan impulsivt utan är istället ofta försiktiga och tankfulla. Oftast trivs dessa personer bäst i en miljö där de kan följa etablerade rutiner och normer. De är noga med vad de uttrycker och framförallt hur de uttrycker sig inför andra. Något som de verkligen ogillar är när människor bara vräker ur sig saker utan att tänka sig för.

Personer med denna beteendetendens uppträder lugnt och tenderar att vara mindre benägna att ta risker och söka förändring. De prioriterar stabilitet och harmoni över snabba förändringar och utmaningar. De har ofta lätt för att planera och noggrant följa definierade processer.

Eftertänksam: "Låt mig tänka igenom det ..."

Trivs du i förutsägbara miljöer där människor kommer överens och håller fast vid överenskommelser, har du sannolikt ett högt S och lågt I. Då framträder ovanstående beteendetendens. Det innebär att du prioriterar stabilitet och kloka beslut. Du agerar sällan impulsivt. Istället är du metodisk i ditt tillvägagångssätt och ser till att allt fungerar som det ska. Och när du säger något, tänker du noga på hur du uttrycker dig.

Föreställ dig en erfaren kontorsadministratör som har arbetat på samma företag i över tio år. Hennes arbetsdagar präglas av väl inarbetade rutiner och en tydlig struktur. Hon trivs bäst när hon kan arbeta i lugn och ro, följa fastställda processer och lösa uppgifter utan avbrott. När teamet samlas för möten lyssnar hon uppmärksamt men bidrar ofta först efter att ha haft tid att reflektera över vad som sagts. Hon ogillar spontana diskussioner där idéer slängs fram utan en ordentlig analys. När någon i teamet hastigt ändrar planerna eller föreslår stora förändringar, kan hon känna sig obekväm. Andra uppskattar henne för sin pålitlighet och sin förmåga att skapa struktur och harmoni. Hon väljer sina ord noga och uttrycker sig lugnt och diplomatiskt, både för att undvika konflikter och missförstånd. Eftertänksamhet och omsorgen hon uppvisar gör henne till en trygg medarbetare för både kollegor och chefer.

Kort reflektion

Vad har du för relation till beteendetendensen *eftertänksam?*

☐ Den är starkt hos mig.

☐ Den är varken eller.

☐ Den är inte framträdande hos mig.

När I dämpar intensiteten på S

Kontorsadministratören som du just läst om är ju vanligtvis lugn, processinriktad och gillar ett stabilt arbetstempo. Hon älskar att se till att allt fungerar som det ska och tar sin tid för att se till att inget går fel. Om hon skulle låta sitt I-beteende påverka hennes naturligt stabila och eftertänksamma S, kommer hennes arbetsstil och sätt att interagera med kollegor att förändras på ett subtilt men märkbart sätt.

Hon börjar då att öppna upp sig mer och bli mer engagerad i sociala sammanhang, där hon tidigare kanske höll sig i bakgrunden. Hennes försiktiga och metodiska arbetssätt får en ny energi och hon kan bli mer spontan och kommunikativ i sin roll. Hon kanske även blir mer villig att ta initiativ till nya idéer och projekt, särskilt när hon känner att hennes kollegor behöver peppas eller inspireras. Till exempel, när hon deltar i teamarbetsplatsmöten, väntar hon inte längre med att dela sina tankar tills hon är säker på vad hon vill säga. Istället kan hon hoppa in i diskussionerna med större spontanitet och vara mer öppen med sina åsikter, även om de inte är fullt genomtänkta. Hon börjar också vara mer utåtriktad på kontoret, småpratar mer med sina kollegor och tar initiativ till sociala aktiviteter, där hon tidigare främst var en observatör.

Denna förändring skulle kunna bero på flera faktorer. Kanske har hon fått en ny roll där hon förväntas vara mer kommunikativ och leda samarbeten. Eller så har hon fått feedback från sina chefer eller kollegor om att de värdesätter hennes bidrag och vill höra mer från henne i gruppsammanhang. Det kan också vara så att hon själv har börjat känna en längtan efter mer variation i sitt arbete och efter att få en närmare relation till sina kollegor. Hon kanske har upptäckt att genom att släppa lite på sitt behov av stabilitet och trygghet, kan hon bidra till en mer dynamisk arbetsmiljö – och på så sätt kanske dessutom trivas bättre i sitt dagliga arbete.

S över C

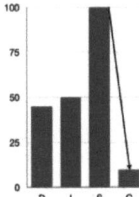

Principfast är en beteendetendens som blir framträdande när en person har högt S och lågt C. Personer med denna beteendetendens är vanligtvis lugna och stabila. De uppträder med en viss försiktighet när det kommer till förändring och nya situationer. De kan ta lite tid på sig att acklimatisera sig till nya omständigheter eftersom de föredrar en förutsägbar omgivning.

Deras prioritet ligger till stor del på relationer och samarbete vilket kan göra dem mindre villiga att strikt följa regler, särskilt om de bedömer att reglerna kan påverka relationerna på ett negativt sätt. De är oftast mer inriktade på att upprätthålla en harmonisk miljö och relationsmässiga överenskommelser. När andra inte tar hänsyn till överenskommelser eller andras behov kan de bli mycket negativt inställda.

De lägger mycket energi på att bibehålla stabilitet och trivsel i sin omgivning. Inte sällan vill de vara delaktiga i att både planera och genomföra saker med andra. De har också en tendens att försvara och behålla sin omgivning som den är.

Konsekvent: "Vi behöver komma överens först"
När du ser dig själv som en person som starkt värderar relationer och samarbete framför strikt följa regler, ja då har du troligtvis ett högt S och lågt C. Du känner dig själv som lugn och stabil person i de flesta fall. Din förmåga att skapa en harmonisk miljö runt dig är framträdande. Du prioriterar gemensamma överenskommelser och trivsel samt strävar för det mesta efter att bygga stabila strukturer i din miljö.

Tänk dig en sjuksköterska som alltid är den första att erbjuda hjälp till sina kollegor och patienter. Hon tar sig tid att verkligen förstå vad varje patient behöver och arbetar aktivt för att skapa en varm och trygg atmosfär. Hennes inställning gör att hon har tålamod att hantera gemensamma rutiner med en stor förutsägbarhet och omtanke. Hon ifrågasätter sällan regler, men hon är också medveten om när de kan hindra relationerna och patienternas välbefinnande. Hon beredd att diskutera alternativa lösningar för att upprätthålla den personliga kontakten och vården istället för att blint följa protokoll. Hennes stil gör att hon är en viktig brobyggare i teamet, och hon arbetar för att skapa en atmosfär av stöd och öppenhet där alla känner sig värdefulla och respekterade.

Kort reflektion

Vad har du för relation till beteendetendensen *principfast*?

☐ Den är starkt framträdande hos mig.

☐ Den är varken eller.

☐ Den är inte framträdande hos mig.

När C dämpar intensiteten på S

Tänk på sjuksköterskan som alltid har varit den konsekventa och tålmodiga kraften på avdelningen. Hon som ser till att alla patienter får den vård de behöver och är noga med att lyssna på både patienter och medarbetares behov. Hennes naturliga beteendetendens gör att hon tar sig tid för att lyssna och tillmötesgå de önskningar människor kan ha.

Men när hon låter sitt C dämpa sitt höga S, sker en förändring i hur hon arbetar. Hon börjar lägga mer vikt vid noggrannhet och precision än att enbart vara principfast och stödjande. Hon ser till att varje steg i vårdprocessen är välplanerat och dokumenterat korrekt. Hon är lyhörd för krav utifrån och använder sin strukturella förmåga för att effektivisera sitt arbete. Nu är det inte bara hennes omsorg och behov av stabilitet som styr, utan också en metodisk strategi som säkerställer att allt sker enligt uppdaterade regler och standarder.

Hon börjar kanske bli mer detaljerad och saklig, vilket gör att hennes kollegor kan lita på att inget förbises. Samtidigt blir hon mindre benägen att låta sig påverkas av behov som inte kan tillfredsställas utifrån de formella krav som ställs. Patienten får fortfarande hennes fulla uppmärksamhet, men hon har utvecklat en mer systematisk och strukturerad stil som gör att allt fungerar smidigt och effektivt.

Kanske har hon märkt att det i en allt mer hektisk miljö är nödvändigt att ha en tydlig struktur för att kunna ge bästa möjliga vård. Kanske har hon också fått feedback från sina kollegor eller överordnade om vikten av att följa protokoll noggrant och denna feedback har hjälpt henne att utveckla en balans mellan sin naturliga omtanke och en mer strukturerad arbetsmetodik. Det kan också vara ytterst hjälpsamt för henne att inse att alla inte alltid kan bli nöjda, ibland måste givna regler och yttre krav åsidosätta vissa överenskommelser som gjorts i teamet.

C-beteendets tre beteendetendenser

Föreställ dig en person med ett mycket tydligt C-beteende. Utifrån vad som beskrivs i denna bok, ser du sannolikt en individ som är noggrann, strukturerad och analytisk. Du skulle säkert lägga till typiska beteenden som att personen älskar att ha kontroll över detaljer, trivs med att arbeta metodiskt och har en stark vilja att göra saker rätt från början. Kanske skulle du också säga att personen ofta värderar regler och riktlinjer högt, är systematisk i sitt sätt att tänka och föredrar att undvika osäkerheter.

Det rena C-beteendet kan liknas vid en arkitekt med ett öga för varje liten detalj, som alltid strävar efter perfektion och noggrannhet i allt som görs. Det är synonymt med ordning, analys och en ständig strävan att minimera fel och maximera effektivitet. Men även om C-beteendet har några grundläggande tendenser, kan dess uttryck variera beroende på hur mycket det påverkas av de andra grundbeteendena D, I och S.

Låt oss nu sortera och ge exempel på de tre huvudsakliga beteendetendenserna inom C: *specifik*, *vaksam* och *observant*. Min ambition är att göra exemplen så verklighetsnära som jag bara kan, för att du verkligen ska kunna reflektera över hur de fungerar i praktiken och i olika sammanhang.

specifik – vaksam – observant

C över D

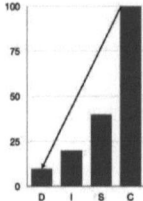

Specifik är en beteendetendens som blir framträdande när en person har högt C och lågt D. Personer med denna beteendetendens är vanligtvis organiserade, noggranna och har en stark vilja att upprätthålla ordning och struktur. De eftersöker tydliga förväntningar och ogillar att fatta snabba beslut utan tydligt regelverk.

Med en stark önskan om att göra rätt blir de försiktiga och regelstyrda i sitt tillvägagångssätt. De är noga med att respektera både auktoriteter och hierarki, framförallt eftersom det ger tydlighet. Kommunikationen sker ofta utifrån vad som är rätt eller fel i olika situationer. De gillar varken ta en ledande position eller agera utifrån otydliga kravställanden.

De kan vara mycket plikttrogna och duktiga på att samarbeta för att uppnå kvalité i det som görs. Ofta strävar de efter att nå uppsatta mål genom att förlita sig på och följa ett beprövat arbetssätt de satt upp för sig själva. De kan också vara benägna att vilja få andra att göra det.

Specifik: "Vad exakt är det som gäller?"

Kanske känner du igen att du allt som oftast letar efter tydlighet och noggrannhet i det du gör. När du har högt C och lågt D framträder denna beteendetendens. Du värderar struktur, precision och ett genomtänkt arbetssätt framför snabba och impulsiva beslut. Du är noga med att saker och ting ska göras rätt från början och tar dig tid att se till att allt är på sin plats innan du går vidare.

Tänk dig en projektledare som är ansvarig för att samordna ett komplext projekt med många detaljer att hålla reda på. Hon säkerställer att alla planer är detaljerade och att de efterföljs noggrant. Hon är också den som påpekar när saker behöver justeras för att uppfylla standarder eller riktlinjer. Att vara den som styr möten eller driver beslut framåt tilltalar henne inte särskilt mycket. Men när hon väl behöver ta den rollen, gör hon det med underbyggda fakta och välgrundade rekommendationer. I sitt arbete sätter hon värde på att upprätthålla en regelstyrd arbetsprocess och ser till att inget lämnas åt slumpen. Om ett beslut måste fattas snabbt, kommer hon att vilja vara säker på att alla risker är övervägda och att ingen detalj har förbisetts. Hennes specifika inställning gör henne till en garant för kvalitet och ordning i allt hon tar sig an.

🙂 Kort reflektion

Vad har du för relation till beteendetendensen *specifik?*

☐ Den är starkt framträdande hos mig.

☐ Den är varken eller.

☐ Den är inte framträdande hos mig.

När D dämpar intensiteten på C

Projektledaren som du just läst om är vanligtvis extremt noggrann och metodisk, skapar detaljerade projektplaner, säkerställer att varje liten uppgift är väl dokumenterad och följer alltid riktlinjer och procedurer för att garantera kvalitet. Hon värderar precision och är ofta noga med att inte missa några instruktioner.

Men när hon låter sitt D dämpa sitt höga C sker en märkbar förändring. Hon blir mer målinriktad och resultatfokuserad. Istället för att fastna i detaljer och finjusteringar, börjar hon ta snabbare beslut för att hålla projektet på rätt spår och inom tidsramen. Hon blir mer bekväm med att göra avvägningar mellan perfektion och framsteg, vilket gör att teamet kan röra sig snabbare framåt.

Kanske märker hon att hennes ökade handlingskraft och beslutsamhet skapar bättre resultat och projektet avancerar smidigare. Hon har fortfarande kvar sin strukturerade stil, men inser också att det ibland krävs att hon handlingskraftigt och snabbt tar kontroll över situationen, samt fattar beslut utan att analysera varje aspekt i detalj. Den här förändringen kan göra henne till en effektivare projektledare som både kan säkerställa kvalitet och leverera i tid.

Denna förändring kan ha uppstått på grund av att hon märkt att teamet ibland förlorade momentum på grund av hennes fokus på att göra rätt på en detaljnivå som varken kommer att göra till eller från. Kanske har hon fått feedback om att projektet behövde mer snabbfotade beslut och riktning för att möta kundens behov och leveranstider, vilket också hjälper henne att balansera sitt behov av att följa regler med en mer drivande och innovativ arbetsstil.

C över I

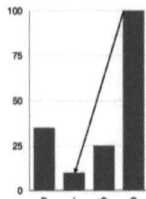 *Vaksam* är en beteendetendens som blir framträdande
när en person har högt C och lågt I. Personer med
denna beteendetendens är vanligtvis uppgiftsinriktade,
analytiska och har en stark önskan om att vara genom-
tänkta i sina handlingar. Ibland försöker de undvika fel
till varje pris och har en tendens att korrigera andra om
de gör fel.

De har en förmåga att analysera en stor mängd information och därifrån
ofta fatta välgrundade beslut. Ofta gillar de att grotta ned sig i detaljer
och komplexa processer. De kan vara försiktiga och konservativa i sitt
tillvägagångssätt och prioriterar uppgiften före relationen vilket kan leda
till att de kan uppfattas som okänsliga. De ogillar att ha ytliga eller per-
sonliga samtal som inte leder någonstans.

Personer med denna beteendetendens är duktiga på att identifiera och
lösa problem genom att tillämpa en analytisk metodik. De kan trivas bra
med att vara för sig själva. Sociala aktiviteter behöver oftast ha ett tyd-
ligt syfte för att de ska bli intresserade.

Vaksam: "Släng inte bara ur dig något!"
Tänker du efter innan du agerar? Tenderar du att granska detaljerna i
en uppdragsbeskrivning? Tycker du att människor alltför ofta pratar bort
tid när de bör fokusera på sakfrågan? Då är gapet mellan ditt höga C
och låga I troligen stort. Du analyserar situationer noggrant och är mån
om att undvika misstag. Istället för att fatta snabba beslut eller ta stora
sociala risker, föredrar du att låta fakta och bevis tala för sig själva.

Tänk dig en ekonomiansvarig som säkerställer att alla siffror i företagets
bokföring stämmer. Noggrann och analyserande upptäcker han snabbt
avvikelser eller fel som andra kanske inte ens lagt märke till. I sociala
sammanhang är han inte den som tar initiativ till samtal eller skapar nya
kontakter, men känner sig dock mer bekväm när interaktionen är saklig
och uppgiftsinriktad. Han fokuserar på att minimera risker och ser till att
alla beslut baseras på noggrant analyserad information. Han vill foku-
sera på sitt jobb och lösa problem genom logik och analys, vilket kan
göra honom mindre benägen att engagera sig i informella diskuss-
ioner. Han kan vara en oumbärlig del av teamet, särskilt när det gäller
att säkerställa kvalitet i komplexa situationer.

Kort reflektion

Vad har du för relation till beteendetendensen *vaksam*?

☐ Den är starkt framträdande hos mig.

☐ Den är varken eller.

☐ Den är inte framträdande hos mig.

När I dämpar intensiteten på C

Gå tillbaka till den ekonomiansvarig som vanligtvis är analytisk, genomtänkt och uppgiftsinriktad. Han följer strikt budgetar och finansiella processer, granskar siffror noggrant och ser till att allt stämmer innan han presenterar ett resultat. Han trivs i sin roll som en noggrann beskyddare av företagets ekonomiska hälsa.

Men om han låter sitt I dämpa sitt naturligt höga C blir han mer utåtriktad och engagerad i relationer. Det leder till att han börjar ta större hänsyn till *hur* han presenterar sin information. Istället för att strikt hålla sig till siffror och procedurer, blir han mer öppen i sin kommunikation och skapar ett större intresse omkring hans arbete.

Han märker kanske att när han visar en mer social och tillgänglig sida, kan han lättare få med sig andra avdelningar på nödvändiga ekonomiska förändringar. Han blir inte bara en noggrann ekonomiansvarig utan även en brobyggare som hjälper till att skapa förståelse och samarbete mellan ekonomiavdelningen och resten av organisationen. Detta gör att han kan påverka företagets finansiella resultat på ett mer engagerande sätt.

Denna förändring kan ske om han inser att andra avdelningar ibland känner sig avskilda från de ekonomiska besluten. Kanske har han fått feedback om att en mer inkluderande och öppen kommunikationsstil skulle hjälpa till att skapa större samarbete, vilket har lett till att han nu balanserar sin vaksamma och uppgiftsinriktade kommunikation med en mer relationsorienterad approach.

C över S

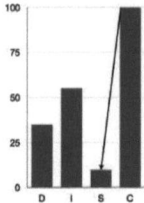

Observant är en beteendetendens som blir framträdande när en person har högt C och lågt S. Personer med denna beteendetendens analyserar och granskar information för att upprätthålla kvalitativa resultat. Deras observanta sinne gör dem duktiga på att upptäcka subtila förändringar i omgivningen eller i processer av olika slag.

De blir ofta uttråkade vid upprepande och rutinmässiga uppgifter. Som allra bäst trivs de när de får möjlighet att utnyttja sin analyserande förmåga och lösa komplexa problem och proaktivt undvika fel. Ofta kommunicerar de logiskt och utförligt. När de inte utmanas eller stimuleras tillräckligt i en konversation, kan de snabbt tappa både intresse och motivation.

Dessa individer kan vara mer rationella och mindre fokuserade på andras känslor när de kommunicerar. De kan föredra att ha fokuserade och djupgående individuella samtal, snarare än att diskutera flera ämnen ytligt med många olika personer.

Observant: "Vi kan inte låta folks bekvämlighet styra ..."
Är du en person som snabbt märker subtila förändringar och som gärna analyserar varje detalj innan du fattar beslut? När du har högt C och lågt S framträder denna beteendetendens. Du är ständigt uppmärksam på små nyanser och förändringar i din omgivning. Du arbetar för att förbättra och optimera processer genom att analysera och lösa problem.

Tänk dig en ingenjör som övervakar produktionsprocessen i en fabrik. Hon märker omedelbart om en maskin inte fungerar som den ska eller om produktionen inte följer standarden. Arbete utan utveckling tråkar snabbt ut henne, hon trivs bäst när hon får lösa komplexa problem och hitta sätt att förbättra processer. I sitt arbete kan hon ibland verka mindre intresserad av att bevara stabilitet och mer fokuserad på att göra nödvändiga förändringar för att förbättra kvaliteten. Hennes observanta stil gör att hon hela tiden driver förbättringar framåt och säkerställer att kvaliteten alltid är på topp. Det är mer regel än undantag att det är just hon som identifierar brister och säkerställer vad som behöver göras för att utveckla processer och arbetssätt.

Kort reflektion

Vad har du för relation till beteendetendensen *observant?*

☐ Den är starkt framträdande hos mig.

☐ Den är varken eller.

☐ Den är inte framträdande hos mig.

När S dämpar intensiteten på C

Tillbaka till ingenjören som vanligtvis är mycket detaljerad och analytisk. Hon följer strikt metoder som bevisligen fungerar och granskar varje aspekt av sitt arbete för att säkerställa att resultaten är exakta och korrekta. Hennes arbetsdag är fylld av djupgående analyser och en metodisk approach till varje problem.

När hon låter sitt S dämpa det naturligt höga C blir hon mer tålmodig och samarbetsinriktad. Istället för att hålla sig strikt till vad som enligt fakta är korrekt, börjar hon också värdera teamets synpunkter och behov mer. Hon inser kanske att ibland kan flexibilitet och en öppen dialog med kollegorna leda till bättre resultat än att strikt följa den rationella slutsats som pekar i en viss riktning.

Hon märker att när hon fokuserar mer på sina kollegors behov, kan hon dra nytta av teamets kollektiva kunskap och skapa bättre lösningar. Istället för att hålla fast vid sina egna rätt och fel, lär hon sig att ibland måste kompromisser göras för att teamet ska fungera smidigt och för att projektet ska kunna levereras i tid. Den här förändringen gör henne till en mer inkluderande och flexibel ingenjör som värderar samarbete lika mycket som precision.

Denna förändring kan ha skett när hon märkte att hennes strikta fokus på detaljer ibland skapade spänningar i teamet. Kanske har hennes kollegor påpekat att mer hänsynstagande och teamwork skulle leda till ett bättre arbetsklimat, vilket har hjälpt henne att kombinera sin förädlande förmåga med en större vilja att samarbeta och anpassa sig till gruppens behov.

12 nyanser av fyra beteendemönster

Efter att utforskat de 12 olika beteendetendenserna vill jag börja med att understryka att ingen enskild tendens är bättre än någon annan. De är alla uttryck för olika sätt att tänka, agera och kommunicera. Var och en av oss bär med oss en unik blandning av dessa drag. Det är också viktigt att förstå att beteendetendenser inte är statiska eller definitiva. Vår personlighet och vårt beteende formas inte i ett vakuum, de är resultatet av en kombination av våra medfödda drag och de specifika situationer vi befinner oss i.

Det är frestande att tro att vi alltid bör sträva efter att dämpa eller förändra våra mest framträdande drag, särskilt om de ibland känns för starka i vissa sammanhang. Men sanningen är att de ofta också är våra största styrkor, som andra också uppskattar och gör oss till den vi är. Ett högt D i kombination med ett lågt C kan vara oumbärligt för att driva projekt framåt, fatta snabba beslut och hantera utmaningar med beslutsamhet och fokus. Ett starkt C i kombination med ett svagt I kan säkerställa kvalitet och noggrannhet. Ett dominerande I tillsammans med ett svagt C kan skapa energi och engagemang i en grupp, medan ett högt S i kombination med ett lågt D kan bidra till den stabilitet som en grupp behöver både när det gäller relationer och rutiner. Det är inte ett självändamål att försöka dämpa dessa drag om de tjänar dig väl i din specifika situation.

Att ge oss in i "finliret" är som att plocka isär en helhet i delar. Det ger oss en djupare förståelse för hur DISC-modellen egentligen fungerar. Vi får en insikt i hur våra naturliga preferenser kan påverkas och nyanseras beroende på hur de samspelar med andra beteendemönster. Ett tydligt D-beteende som dämpas av C kan till exempel bli mer försiktigt och analytiskt, medan ett starkt S-beteende som påverkas av I kan bli mer socialt och utåtriktat. Genom att vara medvetna om dessa nyanser kan vi bättre förstå både oss själva och andra. Vi kan också lära oss att anpassa oss efter olika situationer, inte genom att förändra våra grundläggande egenskaper, utan genom att vara mer medvetna om hur vi kan balansera våra styrkor.

Det är också viktigt att komma ihåg att de flesta situationer inte kräver att vi är något annat än det vi redan är. Våra naturliga beteenden kan fungera alldeles utmärkt i många sammanhang. Och när vi omfamnar dem i sin fulla styrka, kan de vara våra största tillgångar. Att känna till de 12 beteendetendenserna är ytterligare en pusselbit i att förstå nyanser i mitt eget och andras sätt att kommunicera och agera. De ger oss ett verktyg för att se på oss själva och andra med större förståelse och empati. Eller som de fyra grundpreferenserna skulle uttrycka det ...

D: Så för att tala klartext, det handlar om att förstå våra beteendetendenser och nå resultat. Modellen hjälper oss att snabbt identifiera vad som fungerar och vad som behöver justeras. Det handlar inte om att tveka eller överanalysera, det handlar om att agera. Med denna kunskap kan vi driva framgångsrika samarbeten och fatta beslut som skapar verklig skillnad. Din unika kombination av drag är en styrka – använd den för att ta kontroll och framgångsrikt leda både dig själv och andra.

I: Tänk dig vilka möjligheter och vad kul vi kan ha med detta. Det är som ett färgsprakande verktyg för att förstå oss själva och andra! Tänk vilken potential som finns när vi lyfter fram våra styrkor och skapar entusiasm i våra relationer. Vi kan inspirera varandra, hitta kreativa lösningar och verkligen bygga något fantastiskt tillsammans. När vi vågar se mångfalden i våra personligheter öppnar vi dörren för att alla ska känna sig sedda, hörda och värdefulla. Så låt oss omfamna det här! Ju fler som är med på resan, desto roligare blir den!

S: Det handlar om trygghet och balans i relationer. Beteendetendenserna visar oss hur vi kan förstå både oss själva och andra bättre för att bygga ett klimat där alla känner sig uppskattade för den de är. Det är i vardagens små möten, där stabilitet och respekt får plats, som styrkan i våra unika beteenden blir tydlig. Genom att möta varandra med empati och tålamod skapar vi samarbeten som håller över tid. I slutändan handlar det om att skapa harmoni, där vi tar hand om både oss själva och varandra.

C: Låt oss slutligen logiskt klargöra syftet. Det är en metodisk och strukturerad modell som ger oss ett systematiskt sätt att analysera delar av vårt eget och andras beteende. Genom att förstå olika beteendetendenser kan vi se samband och nyanser som gör att vi kan agera med precision. Modellen bygger på tydliga mönster där varje tendens har sitt värde beroende på kontexten. Med modellen kan vi skapa en mer genomtänkt och effektiv dynamik, både på individ- och gruppnivå, genom att använda dessa insikter med noggrannhet och eftertanke.

.

10. Summa summarum

Har du läst hela vägen hit så vill du säkert också att boken ska få ett bra slut. Här måste jag tyvärr erkänna att jag tycker det är svårt att avsluta en bok på ett bra sätt. Hur lämnar författaren läsaren nöjd? Att avsluta en bok kan (i alla fall för mig) vara som att försöka knyta en perfekt rosett på en present. Jag har slitit och kämpat för att få det att se bra ut, men när jag väl är där är det som att jag bara står och snurrar med snöret i händerna.

Att avsluta en bok är inte bara att verifiera en prestation, det är också en fantastiskt lärorik resa som helt plötsligt avslutas. Är jag nöjd eller inte? Svårt att säga, speciellt om inställningen "jag kan alltid göra mer" infinner sig. Men som sagt, denna gång har jag haft en bättre balans mellan mitt D och C än vad jag hade vid utgivandet av förra upplagan. Har du som läsare starka D- och I-preferenser är risken stor att du nu inte vet vad jag pratar om. Men då uppmanar jag dig att gå tillbaka till bokens början till texten som har rubriken *Kära läsare*. Ja jag vet, den missade du! Men den ligger i alla fall innan innehållsförteckningen.

Så hur ska jag avsluta allt? Ska jag ge läsaren den perfekt lösningen eller kanske skicka med en "cliffhanger" som får läsaren att skrika? Nja, kanske i en skönlitterär bokserie – men inte här. Ska jag helt enkelt summera bokens viktigaste budskap och försöka stimulera läsaren att faktiskt använda det den läst? Ja för mig låter det som en bra idé, men hur blir det då för de som vill ha ett lite mer personligt slut? Och för att inte tala om de som har behov av att få en tydlig Q&A för att verkligen befästa kunskapen om vad DISC är, vad som skiljer teorin mot andra teorier och vilka rekommendationer som finns runt användandet av modellen i olika sammanhang. Som jag ser det får det bli en liten "kombo" av allt det där.

Låt mig börja med att åter igen trycka på att DISC inte är ett test, det är ett verktyg. Ett test ger dig svar på hur saker och ting förhåller sig – "bra eller dåligt", "rätt eller fel". Ett verktyg ger dig möjligheter att reflektera över hur det skulle kunna vara och vad du skulle kunna göra om du skulle vilja ha det på ett annat sätt. Det är du som väljer att använda eller inte använda den insikt du har om dig själv.

Jag vill också påminna dig om att DISC är användbart för att reflektera över vad som kan uppfattas som hinder och möjligheter i ett möte mellan två skilda sätt att kommunicera, inte avgöra vilken typ av personer som ska umgås eller arbeta tillsammans. DISC kan ge information om vad olika människor som arbetar tillsammans behöver tänka på utifrån sina beteendemönster.

Sist men inte minst, DISC är till för att skapa självinsikt och insikter om människor i allmänhet filtrerat genom en pragmatisk modell i synnerhet. Med detta som bakgrund har du egentligen tre huvudsakliga alternativ:

1. *Inte göra något alls* – att välja att inte göra något alls är också ett val och framförallt ett medvetet val. I min värld ska du ska alltid välja dina strider. Om du exempelvis upplever en negativ situation på ditt arbete, ska du alltid ställa dig frågorna: *Är situationen viktig för mig? Är det möjligt att förändra situationen? Är det värt uppoffringen som behövs för att förändra den?* Kan du svara ja på alla dessa frågor, så är det värt att göra något annat än inget alls.

2. *Agera utifrån ditt mest bekväma beteendemönster* – du kan välja att göra något åt situationen utifrån ditt naturliga sätt att hantera liknande situationer. Och kanske är det just det som behövs för att lösa problemet. Men om det inte löser problemet bör du ställa dig följande frågor: *Hur kan jag förändra mitt eget beteende för att lösa problemet? Vad är det i mitt naturliga beteendemönster som hindrar mig från att lösa situationen?*

3. *Anpassa din prefererade beteende- och kommunikationsstil* – att anpassa sig till situationen innebär att välja ett annat sätt att hantera rådande situation. Det innebär att du behöver tänja på din trygghetszon och öka din beteendeflexibilitet en aning. Det är viktigt att poängtera att anpassning inte handlar om att förändra den du är, utan snarare om att hitta en praktisk lösning där du väljer att möta det situationen kräver av dig.

Att anpassa ditt beteendemönster innebär ofta att förflytta dig från dina mest naturliga och bekväma beteenden och kommunikationssätt. Det kan vara en mer eller mindre energikrävande process, men har du identifierat att det är just det som behövs kan den investeringen ge en riktigt bra avkastning.

Oavsett vad du väljer att göra så sker den verkliga träningen och kunskapsförankringen i samspel med andra människor. Vill du bli bättre på att möta andra människor så finns det en genväg – agera!

Ibland kommer du att känna att du inte lyckas. Gör då om dina "misslyckanden" till lärdomar. Ett "misslyckande" har egentligen bara ett funktionellt syfte – att visa oss vad vi behöver lära oss. När du upplever ett "misslyckande", ta en stund och reflektera över vad "misslyckandet" består av. Se det som en vägvisare som säger: *"Lär dig bemästra detta om du vill lyckas"*.

Den "magiska" formeln för att lyckas är:

1. Agera
2. Analysera misstag och bekräfta framgångar
3. Förändra, förädla eller förstärk ditt agerande
4. Gå till punkt 1

Och så, med detta, är vi framme vid slutet. Slutet på en bok som inte bara är en avslutning med ord på en sida, utan också en början på en ny resa för dig som läsare. För när allt kommer omkring handlar DISC inte om att sätta etiketter på människor, utan om att öppna dörrar till bättre förståelse, av oss själva och människor vi möter.

Det du förhoppningsvis fått med dig, är en modell för att reflektera över dina egna beteenden och kommunikationsstilar samt bättre förstå de beteenden och stilar du möter i andra. Nu är det upp till dig att använda kunskapen för att ta ditt nästa steg i din personliga utvecklingsresa. Kanske känns det utmanande, kanske inte. Men kom ihåg det handlar inte om att vara perfekt. Det handlar om att vara villig att ta ansvar för din egen utveckling, att anpassa dig när det behövs och att alltid fortsätta agera, reflektera och justera.

Så här står du nu, förhoppningsvis med nya verktyg och en större insikt om både dig själv och andra. Vad du gör härnäst – det är ditt val. Jag hoppas att du kommer att fortsätta använda DISC som en guide, inte bara för att förstå världen omkring dig, utan också för att skapa en mer meningsfull och framgångsrik relation till dig själv och till andra. Och oavsett vad framtiden har att erbjuda, kom ihåg en reell förändring alltid börjar med en handling.

Epilog

Nu när denna sista upplaga är klar känns det som att cirkeln är sluten, 18 år efter att jag började skriva på den första upplagan. Det är lite lustigt eftersom talet 18 har följt mig genom livet på så många sätt. Nåväl, under dessa 18 år har skrivandet gett mig en djupare förståelse, inte bara av DISC-modellen, utan också för mänskliga beteenden i stort. Att denna bok nu når sin sista version känns symboliskt och rätt. Inga fler tillägg, inga fler ändringar. Nu får den stå som den är och jag får vara nöjd med resultatet.

Modeller som DISC är inte fasta sanningar och de kommer aldrig att sluta utvecklas. Det är inte poängen att de ska vara en exakt vetenskap. Istället är de ett verktyg för reflektion, ett strukturerat sätt att tänka kring hur vi människor beter oss och kommunicerar med varandra. Modeller likt DISC är inte heller till för att prackas på människor som obestridliga sanningar. Jag har aldrig varit intresserad av att göra det. Syftet har alltid varit att erbjuda en hjälp till självreflektion och ökad förståelse för sig själv och andra.

Under åren har jag sett hur människor från olika bakgrunder och sammanhang har använt DISC på sina egna sätt, anpassat det till sina verkligheter och utmaningar. Och det är precis så det ska vara, ett levande verktyg som ständigt utvecklas med nya insikter och perspektiv.

Så här är vi 18 år senare och denna bok, den mest lästa av de jag skrivit, får nu sitt slutgiltiga uttryck. Det känns som att jag har nått fram till den plats där jag kan lämna den som den är. Jag hoppas att den fortsätter att inspirera, väcka tankar och kanske öppna dörrar till nya perspektiv för alla som läser den, precis som den har gjort för mig under dessa år.

Tack till alla som har följt med på denna resa. Tack till er som har läst, reflekterat och bidragit till att DISC fått nya användningsområden. Det är ni som gör modellen levande och relevant för mig än idag.

Här sätter jag emellertid punkt för mitt bidrag genom just denna bok. Men DISC-resan fortsätter, för mig kanske i andra skrifter och definitivt som en del i livet för att göra det komplexa mänskliga beteendet lite mer begripligt. Och nu, med den sista punkten satt, får denna bok leva vidare på sina egna villkor.

Q&A

Under mina drygt 20 år som användare av DISC-verktyg har jag fått otaliga frågor om modellen och dess användning. DISC väcker nyfikenhet och skapar samtal, men den har också mött sin beskärda del av kritik – både konstruktiv och onyanserad. Genom åren har jag märkt att många av frågorna bottnar i en önskan om att bättre förstå vad DISC faktiskt är, hur det fungerar och vad dess begränsningar är.

På följande sidor har jag samlat några av de absolut viktigaste frågorna som jag stött på. Syftet är att räta ut vanliga frågetecken, bemöta missuppfattningar och bidra till en mer nyanserad diskussion om DISC. Oavsett om du är en nyfiken användare, en skeptiker eller en erfaren coach, hoppas jag att dessa svar kan ge dig värdefulla insikter och hjälpa dig att förstå den verkliga styrkan i modellen – att skapa självinsikt, bygga bättre relationer och främja förståelse för våra olikheter.

Låt oss börja!

Q: Varför ska jag använda DISC när det kritiseras för att vara pseudovetenskap?

A: Det finns kritik mot DISC, särskilt kring dess vetenskapliga grund. DISC är dock inte tänkt som en vetenskaplig teori, utan som ett praktiskt verktyg för att förstå beteenden och förbättra kommunikation. DISC har ett visst empiriskt stöd, särskilt för sin reliabilitet och praktiska tillämpning, men det är inte lika starkt vetenskapligt validerat som till exempel Big Five. Modellen fungerar bäst när den används som ett pedagogiskt och praktiskt verktyg för att skapa insikter om beteendemönster, snarare än som en vetenskaplig sanning om personligheten.

Q: Varför behövs DISC när man lika gärna kan prata om beteenden utan en analys?

A: Det går absolut att reflektera över beteenden utan en modell, men DISC kan ge struktur och ett enkelt språk för att göra sådana samtal mer fokuserade och produktiva. Det hjälper grupper att snabbt förstå och värdesätta varandras olikheter, vilket kan vara svårare att göra helt utan en ram.

Q: Vi beter oss olika i olika situationer – hur kan DISC fånga den komplexiteten?

A: Det är sant att vi människor är anpassningsbara och beter oss olika beroende på situation. DISC försöker inte fånga allt om en person, utan fokuserar på våra beteendepreferenser i specifika sammanhang, till exempel hur vi agerar på jobbet eller någon annan specifik miljö. Modellen är som en karta som visar möjliga tendenser snarare än hela sanningen. Vi har alltid möjlighet att anpassa oss, även om olika anpassningar kostar olika mycket energi.

Q: Är inte Big Five mycket bättre än DISC?

A: Big Five är en robust och vetenskapligt underbyggd modell för att analysera personlighetsdrag och används ofta i forskning. DISC å andra sidan är mer praktiskt orienterat och fokuserar på beteenden i specifika kontexter, som arbetslivet. De fyller olika syften – Big Five ger en djupare analys av personlighet, medan DISC fungerar som ett lättanvänt verktyg för att förbättra samarbeten och kommunikation.

Q: Ger det något egentligen att prata om sitt beteende utifrån DISC

A: DISC är kanske inte meningsfullt för alla och det är helt i sin ordning. För många fungerar det dock som en värdefull startpunkt för att reflektera över sitt eget beteende och hur det påverkar andra. I team kan det bidra till att minska missförstånd, öka förståelsen och stärka samarbetet. Syftet är inte att förändra vem du är, utan att ge verktyg för att bättre förstå och hantera olikheter. DISC är självklart inte den enda modellen som kan hjälpa till med detta, det finns flera andra verktyg som också kan uppfylla samma syfte.

Q: Kan DISC verkligen förändra hur människor beter sig?

A: DISC i sig förändrar inget – det är bara ett verktyg och en reflektionsmodell. Men insikterna från DISC kan hjälpa människor att bli medvetna om sina styrkor, utmaningar och hur deras beteende påverkar andra. Det kan i sin tur leda till bättre kommunikation och samarbete.

Q: Vad är poängen med att reflektera över sina beteendepreferenser när människor ändå är mer komplexa än så?

A: Poängen med DISC är inte att fånga all komplexitet, utan att synliggöra vissa delar av våra beteendemönster för att göra dem lättare att förstå och prata om. Det är ett startpunkt för reflektion, inte en helhetsbeskrivning av vem vi är. Det ger människor möjlighet att bli mer medvetna om sina preferenser och hur de påverkar andra.

Q: Sätter inte DISC människor i boxar?

A: Det kan verka så vid första anblicken, men tanken med DISC är att hjälpa oss förstå våra naturliga beteendemönster – inte begränsa oss. Det handlar om att få insikt om hur vi vanligtvis tenderar att agera, vilka beteenden som känns enkla att använda och vilka beteenden som kostar mer energi att använda.

Q: Kan inte DISC skapa stereotyper?

A: Det är en risk om modellen används fel, precis som med alla typer av kategoriseringar. Men när DISC används rätt är syftet att öka förståelsen för olikheter och undvika antaganden om andra. Det hjälper oss att se människor som unika individer med olika preferenser, snarare än att döma dem utifrån våra egna filter.

Q: Vilket beteendemönster är det bästa?

A: Det finns inget "bästa" eller "sämsta" beteendemönster. Det finns alltid två sidor av samma mynt. Varje beteendemönster har sina egna för- och nackdelar. Forskning har till exempel visat att det finns framgångsrika chefer med alla typer av beteendemönster. Det viktiga är att känna till och förstå sina styrkor och sin utvecklingspotential oavsett vilken preferens man har.

Q: Varför kallas DISC "The Universal Language"?

A: DISC är ett relationsverktyg som mäter synliga beteenden, inte värderingar eller kompetens. Dessa synliga grundläggande beteenden har man funnit över hela världen genom historien.

Q: Kan människor använda DISC för att manipulera andra?

A: När människor försöker använder DISC i manipulativt syfte har man inte förstått syftet med modellen. Syftet är att förbättra relationer och kommunikation med andra. Oavsett om det gäller ledarskap, säljsituationer eller teamarbete så ska utgångspunkten alltid vara att skapa vinna-vinna situationer. Åter igen så handlar det om att förbättra kommunikationen med andra människor. Det anses ju inte vara manipulativt för en svensk att lära sig finska om hen bosätter sig i Finland, eller hur?

Q: Om DISC bara visar beteenden och inte personlighet, hur användbart är det då?

A: Fokusen på endast beteenden är faktiskt en styrka, särskilt i arbetslivet. Det handlar om hur vi kommunicerar, fattar beslut och samarbetar – saker som är direkt relevanta i team och ledarskap. Personlighet är en djupare och bredare aspekt och kan självklart vara mer värdefullt i en djupare psykologisk process. Även om DISC också kan vara användbart i personlig utveckling, fokuserar modellen framförallt på det vi kan observera och anpassa i våra dagliga interaktioner.

Q: Vad händer om jag inte känner igen mig i min DISC-profil?

A: Det händer att människor initialt kan känna sig lite skeptisk, särskilt om man är ovan vid att reflektera över sitt beteende. Det kan bero på hur profilen tolkats eller på att den speglar ett beteende i en specifik kontext, till exempel arbete eller stress. Att diskutera resultaten med en certifierad DISC-coach kan hjälpa till att sätta det i rätt perspektiv.

Q: Är det sant att "lika barn leka bäst"?

A: Både och, inom arbetslivet tycks det vara lättare för de flesta att arbeta med någon som har liknande kommunikationsstil och beteende-mönster. I andra relationer, exempelvis i ett kärleksförhållande, kan det vara precis tvärtom. Där är det många som söker en partner som kompletterar den egna stilen.

Q: Vad är skillnaden mellan ipsativa och normativa frågeformulär i DISC och andra verktyg?

A: Ipsativa frågeformulär, som används i DISC-analysen, innebär att du jämför dina preferenser mot varandra. Du får exempelvis välja vilket av fyra påståenden som mest och minst beskriver dig. Detta ger en bild av dina relativa styrkor och prioriteringar. Normativa frågeformulär, å andra sidan, låter dig gradera varje påstående individuellt, exempelvis på en skala från 1 till 5. Detta gör det möjligt att jämföra en individs svar med en större population och är vanligare i modeller som till exempel Big Five.

Q: Varför använder DISC ett ipsativt frågeformulär?

A: DISC är designat för att ge en personlig och kontextspecifik profil snarare än att jämföra dig med andra människor. Ipsativa formulär är bra för att identifiera mönster i hur du till exempel prioriterar beteenden. De sätter fokus på dina preferenser snarare än att försöka rangordna dig i förhållande till en normgrupp.

227

Q: Är inte normativa frågeformulär mer vetenskapliga än ipsativa?

A: Normativa formulär används ofta i akademisk forskning eftersom de möjliggör statistiska jämförelser och reliabilitetsmätningar över stora populationer. Ipsativa formulär är däremot mer praktiskt orienterade och fokuserar på att skapa självinsikt och diskussion snarare än att producera vetenskapliga data. Båda har sin plats, beroende på syfte och sammanhang.

Q: Finns det några nackdelar med ipsativa frågeformulär?

A: En vanlig kritik mot ipsativa formulär är att de inte möjliggör jämförelser mellan individer och mätning över tid på ett lika tydligt sätt som normativa formulär. De kan också skapa frustration eftersom man tvingas välja mellan påståenden som alla kan kännas relevanta. Men för syftet att skapa en personlig reflektion är de mycket effektiva.

Q: Skulle DISC kunna använda normativa formulär istället?

A: I teorin ja, men det skulle förändra modellens fokus. DISC handlar om att förstå beteenden i relation till varandra snarare än att mäta absolut nivå av ett drag. Att använda normativa formulär skulle också göra det svårare att skapa den enkelhet och snabbhet som DISC är känt för i praktiska tillämpningar.

Q: Varför är det problematiskt att använda DISC som ett urvalsverktyg vid rekrytering?

A: DISC är inte designat för att mäta kompetens, intelligens, eller potential, vilket är avgörande vid urval. Det är ett verktyg för att förstå beteendepreferenser och förbättra kommunikation och samarbete. Att använda DISC som urvalsverktyg riskerar att leda till felaktiga beslut eftersom det inte tar hänsyn till andra viktiga faktorer som erfarenhet, kunskap eller hur en individ presterar i specifika arbetsuppgifter.

Q: Har inte DISC en plats i rekryteringsprocesser?

A: DISC kan vara värdefullt i rekrytering, men endast i specifika delar av processen. Till exempel kan det användas efter att en kandidat redan har valts för att förstå hur deras beteendepreferenser kan påverka teamdynamiken och hur de bäst introduceras i organisationen. Det ska dock aldrig vara det huvudsakliga verktyget för att avgöra om en person är lämplig för en tjänst.

Q: Vad bör man använda istället för DISC vid urval?

A: För urvalsprocesser rekommenderas evidensbaserade verktyg som har hög validitet och reliabilitet, som arbetspsykologiska tester för problemlösning, personlighetsbedömningar som Big Five och strukturerade intervjuer. Dessa metoder mäter relevanta faktorer för arbetsprestation på ett mer tillförlitligt sätt.

Q: Hur kan man säkerställa att DISC används på ett etiskt sätt?

A: Det är viktigt att DISC används för sitt avsedda syfte – att främja förståelse, kommunikation och samarbete. Det bör aldrig användas för att döma, diskriminera eller begränsa individer. Certifierade DISC-användare bör också följa riktlinjer för integritet och transparens och alltid kommunicera modellens styrkor och begränsningar till användarna.

Q: Kan DISC användas tillsammans med andra modeller?

A: Ja, DISC kan kombineras med andra verktyg för att ge en mer holistisk bild av en individ eller ett team. Exempelvis kan DISC kompletteras med Big Five för en djupare analys av personlighetsdrag eller med verktyg för emotionell intelligens för att stärka den interpersonella förståelsen.

Q: Fungerar DISC lika bra i olika kulturer?

A: DISC fokuserar på synliga beteenden, vilket gör det till ett verktyg som kan användas globalt. Dock kan kulturella skillnader påverka hur vissa beteendepreferenser uppfattas eller uttrycks. Det är viktigt att förstå och respektera dessa skillnader för att använda modellen effektivt i olika kulturella kontexter.

Q: Hur fungerar DISC i dagens digitala arbetsmiljöer?

A: DISC kan vara särskilt användbart för att förbättra samarbeten i virtuella team, där många av de vanliga sociala signalerna saknas. Det hjälper teammedlemmar att förstå och anpassa sig till varandras kommunikationsstilar även på distans.

Q: Är DISC kostnadseffektivt jämfört med andra verktyg?

A: DISC är ofta billigare och snabbare att administrera än mer omfattande verktyg som gör anspråk på att analysera en individs personlighet. För organisationer som söker ett praktiskt verktyg för att förbättra teamdynamik och kommunikation kan DISC erbjuda högt värde för en relativt låg kostnad.

Mer intressant läsning

Alessandra, Tony mfl. (2007) *The Platinum Rule.* Morgan James Publishing, LLC. New York

Alessandra, Tony, O'Connor, Michael J. och VanDyke, Janice (2006) *Peoplesmart in Business.* Morgan James Publishing, LLC New York

Bonnstetter, Bill J. och Suiter, Judy (2004) *The Universal Language DISC.* Target Training International

Bradberry, Travis (2007) *The Personality Code* Penguin Books London

Cloninger, Susan (2008) *Theories of Personality* Pearson Prentice Hall New Jersey

D'Agostino, D och Skloot, G. (2020) *Predicting Personality Using AI to Understand People and Win More Business.* Wiley

Geier, John G. och Downey, Dorothy E. (1989) *Energetics of Personality.* Aristos Pub House

Marston, William Moulton (1928/2003) *Emotions of Normal People.* Taylor & Francis Group. London

Ritchey, Tom (2002) *I'm Stuck. You're Stuck.* Berrett-Koehler Publishers, Inc. San Fransisco

Rohm, Robert A. (2007) *Who do You Think You are ... Anyway?* Personality Insights, Inc. Atlanta GA

Rohm, Robert A. (2004) *You've Got Style.* Personality Insights. Atlanta GA

Sjödin, L (2019) *Beteendet framför allt – fyrdimensionellt ledarskap med DISC.* JNJ

Sjödin, L. (2023) *DISCOLOGI – att hitta sig själv utan att ta det personligt.* BoD

Straw, Julie (2002) *The 4-dimensional Manager.* Berrett-Koehler Publishers, Inc. San Fransisco

Vouges, Ken och Braund, Ron (1995) *Understanding How Others Misunderstand You.* Moody Press. Chicago

Övergripande kännetecken om de fyra grundbeteendena
Kopieringsmaterial

D-beteende	I-beteende
Primär fokus: Resultat	**Primär fokus:** Inflytande
Karaktäristika: Beslutsam, Uppgiftsorienterad, Rak, Riskvillig, Drivande	**Karaktäristika:** Influerande, Entusiastisk, Öppen, Tillitsväckande. Spontan
Möjliga begränsningar: Otålig, Burdus, Exkluderande, Okänslig, Aggressiv	**Möjliga begränsningar:** Ytlig, Impulsiv, Oorganiserad, Nonchalant, Överkänslig
Kommunikationssätt: Direkt, Målinriktat, Rakt på sak, Kort, Kraftfullt	**Kommunikationssätt:** Varierande, Idérikt, Spontant, Känslofyllt, Pratigt

C-beteende	S-beteende
Primär fokus: Kontroll	**Primär fokus:** Stabilitet
Karaktäristika: Noggrann, Diplomatisk, Korrigerande, Samvetsgrann, Försiktig	**Karaktäristika:** Stödjande, Stabil, Tålmodig, Samarbetsvillig, Planerande
Möjliga begränsningar: Felsökande, Kritisk, Pessimistisk, Obeslutsam, Kall	**Möjliga begränsningar:** Förändringsrädd, Konflikträdd, Envis, Tystlåten, Beroende
Kommunikationssätt: Dämpat, Faktaorienterat, Analytiskt, Exakt, Detaljerat	**Kommunikationssätt:** Lugnt, Inkännande, Medhållande, Ärligt, Enkelt

Analysera kommunikationsstilen/preferenser
Kopieringsmaterial

D-beteende	**I-beteende**
☐ Uppgiftsinriktad	☐ Ivrigt
☐ Generell och direkt	☐ Övergripande
☐ Rakt på sak	☐ Spontant
☐ Bestämt	☐ Smidigt
☐ Resultatfokuserat	☐ Målande
☐ Ofiltrerat	☐ Uttrycksfullt
☐ Rättframt	☐ Positivt
☐ Konstaterande	☐ Influerande

C-beteende	**S-beteende**
☐ Frågande	☐ Avvaktande
☐ Diplomatiskt	☐ Bekräftande
☐ Exakt	☐ Lugnt
☐ Detaljerat	☐ Samtalande
☐ Korrekt	☐ Opretentiöst
☐ Korrigerande	☐ Stödjande
☐ Analyserande	☐ Vänligt
☐ Strukturerat	☐ Lyssnande

Analysera beteendestilen/preferenser
Kopieringsmaterial

D-beteende

☐ Vill bestämma själv
☐ Tar initiativ
☐ Är beslutsam
☐ Agerar kraftfullt
☐ Tar snabba beslut
☐ Tar risker
☐ Driver saker själv
☐ Är tävlingsinriktad
☐ Självstartande
☐ Är pådrivande

I-beteende

☐ Är öppen och utåtriktad
☐ Motiverar andra
☐ Är uttrycksfull
☐ Övertygar andra
☐ Socialiserar gärna
☐ Är visionär
☐ Håller ett högt tempo
☐ Är mycket spontan
☐ Uttrycker lätt känslor
☐ Är direkt positiv

C-beteende

☐ Är mycket noggrann
☐ Väger för och emot
☐ Är objektiv
☐ Är exakt
☐ Är mycket detaljerad
☐ Är driven av kvalitet
☐ Är starkt regelstyrd
☐ Efterlever regler
☐ Är försiktig
☐ Uppträder korrekt

S-beteende

☐ Är rutinmässig
☐ Är lugn och stabil
☐ Kommunicerar avvägt
☐ Är informell
☐ Stödjer andra
☐ Uttrycker sig pedagogiskt
☐ Håller ett lugnt tempo
☐ Tar en sak i taget
☐ Utgår från andras behov
☐ Vill samarbeta

Utveckla dina mindre framträdande beteenden
Kopieringsmaterial

Använd mer av ditt D-beteende

- Var mer öppen för förändring
- Arbeta i en snabbare takt
- Framhäv det du åstadkommit
- Var tydligare och stå upp för dina åsikter i en konfliktsituation
- Fokusera på målet i första hand

Använd mer av ditt I-beteende

- Var mer spontan och mindre analyserande
- Använd den egna intuitionen vid beslutstagande
- Var mer känslomässigt öppen
- Tillåt subjektiva åsikter att komma fram
- Var mer flexibel

Använd mer av ditt S-beteende

- Lyssna mer på andra
- Uppmärksamma andras känslor
- Fokusera på processen inte bara på resultatet
- Lägg mer tid på planering
- Skapa rutiner

Använd mer av ditt C-beteende

- Var mer tidsmedveten
- Avsluta projekt innan något nytt påbörjas
- Utveckla en mer analytisk approach till saker
- Notera vilka regler och ramar som finns
- Ta ett mer objektivt perspektiv

Hitta intentionen
Kopieringsmaterial

Tänk på en person som du haft konkreta konflikter med, alternativt haft svårt att kommunicera med. Välj ut och ringa in sex av nedanstående ord såsom du spontant skulle vilja beskriva personens beteende. Summera sedan dina svar i varje kolumn. Dina svar kan givetvis vara fördelade på flera kolumner eller alla svar i samma.

D	I	S	C
Plump	Manipulativ	Tyst envis	Besserwisser
Aggressiv	Flyktande	Inåtvänd	Cynisk
Diktatorisk	Sarkastisk	Passiv	Pessimistisk
Påträngande	Nonchalant	Dömande	Anklagande
Trotsig	Självisk	Baktalande	Felsökande
Omedgörlig	Angripande	Rigid	Nedlåtande

Fundera på vilken eller vilka intentioner som kan ligga bakom dessa negativa beteenden? Vad vill personen åstadkomma?

_____

Vad blir viktigt för dig att tänka på i mötet med en person med den typen av beteende?

_____

_____

_____

Utveckla relationen
Kopieringsmaterial

Namn:

Beteendestil:

Min beteendestil:

Vad kan jag göra för att förbättra relationen till vald person?

-
-
-
-
-

Vad kan jag göra för att minska missförstånd och konflikt?

-
-
-
-

Enkel skattning gruppens kultur
Kopieringsmaterial

Gruppens namn:

Fokusera på vad du tycker främst belönas i gruppen. Använd minst 4 och max 8 kryss och fördela på nedanstående beskrivande ord.

D

Resultat _____

Initiativtagande _____

Risktagande _____

I

Kreativitet _____

Umgänge _____

Idéer _____

C

Kvalité _____

Utvärdering _____

Analys _____

S

Rutiner _____

Planering _____

Stabilitet _____

Kartlägg behov i förändring
Kopieringsunderlag

Tänk på en person som du upplever har svårt att hantera förändring.
Använd beskrivningarna nedan för att kartlägga medarbetarens behov.
Välj de sex mest framträdande beteenden du kan se hos personen.

O Är stridslysten

O Intar tvärsäkra ståndpunkter

O Oppositionell attityd **D**

O Kritiserar andras idéer

O Är riskbenägen och äventyrar verksamheten

O Försöker kontrollera och styra själv

O Övervärderar sin egen betydelse

O Sätter sin egen status först

O Är ofta sarkastisk **I**

O Pratar mest om sig själv och tar åt sig all ära

O Skämtar bort krav

O Förskönar fakta

O Säger inte emot men surar i det tysta

O Är dömande och passivt aggressiv

O Skjuter upp beslut **S**

O Undviker diskussioner

O Blir beroende av sin ledare

O Överdrivet försvarande av det gamla

O Planerar för worst case scenario

O Blir mycket obeslutsam

O Fastnar i oväsentliga detaljer **C**

O Pratar om vad som kan gå fel

O Ifrågasätter allt

O Försöker ofta överbevisa andra

www.larssjodin.com